ETGAR KERET

STARKE MEINUNG ZU BRENNENDEN THEMEN

aufbau

ETGAR KERET

STARKE MEINUNG ZU BRENNENDEN THEMEN

STORYS

Aus dem Hebräischen
von Barbara Linner

aufbau

Die Originalausgabe unter dem Titel
אוטוקורקט (Autokorrektur)
erschien 2024 bei Kinneret, Israel.

FSC
www.fsc.org
MIX
Papier | Fördert
gute Waldnutzung
FSC® C083411

ISBN 978-3-351-04218-9

Aufbau ist eine Marke der Aufbau Verlage GmbH & Co. KG

1. Auflage 2025

www.aufbau-verlage.de
10969 Berlin, Prinzenstraße 85

Bei Fragen zur Sicherheit unserer Produkte wenden Sie sich bitte an produktsicherheit@aufbau-verlage.de.
Einbandgestaltung zero-media.net, München
Satz Greiner & Reichel, Köln
Druck und Binden CPI books GmbH, Leck, Germany

Printed in Germany

Für Chamutal

Inhalt

Eine Welt ohne Selfie-Sticks

Im Nachhinein betrachtet, hätte ich Nicht-Debbie nicht anschreien sollen. Debbie selbst hat immer gesagt, dass Schreien überhaupt keine Lösung ist. Aber was soll der Mensch machen, wenn er eine Woche, nachdem er sich unter Tränen von seiner Freundin am Flughafen verabschiedet hat, weil sie für ihre Promotion nach Australien geht, in einer Starbucks-Filiale im East Village auf sie stößt und sie so tut, als sei nichts gewesen?

Als ich sie in dem Café sah, schikanierte sie gerade die Frau an der Kasse mit Fragen über deren Milchersatzprodukte, und als ich sie fragte, wie es kam, dass sie nach New York zurückgekehrt war, ohne mir etwas davon zu sagen, blickte sie mich befremdet an und sagte ungeduldig: »Hören Sie, Mister, ich weiß nicht, wer Sie sind. Sie verwechseln mich sicher mit jemand anders.« In der Sekunde brannten bei mir alle Sicherungen durch. Oder sagen wir, dass ich nach über zwei Jahren Beziehung eine angemessenere Reaktion erwartet hätte. Anstatt zu diskutieren, stand ich also einfach mitten im Starbucks und brüllte in allen Einzelheiten sämtliche ihrer intimen Erkennungsmerkmale heraus, inklusive der Narbe an ihrem Rücken vom Sturz bei unserem Ausflug im Yosemite-Park und dem fetten behaarten Leberfleck in ihrer linken Achselhöhle. Nicht-Debbie antwortete nicht, starrte mich nur mit schockiertem Blick an, während mich zwei Mitarbeiter der Filiale nach draußen zerrten.

Ich setzte mich auf eine Bank am Straßenrand und fing an zu weinen. Fünf Wochen vorher, als Debbie mir sagte, dass sie nach Australien gehen würde, war ich am Boden zerstört, aber ich verstand, dass diese Trennung Vorrang vor uns hatte: Ihr hatte man ein Promotionsstipendium an der Universität Sydney angeboten, und ich hatte gerade eine Position als Teamleiter in einem der renommiertesten Big Data Start-ups in New York erhalten. Der Abschied war echt schmerzhaft, aber lange nicht so schlimm und erniedrigend wie diese befremdliche Begegnung im Starbucks.

Während ich noch weinte, spürte ich eine zarte Hand auf meiner Schulter, und als ich den Blick hob, sah ich Nicht-Debbie vor mir. »Versteh doch«, sagte sie im Flüsterton zu mir, »ich sehe vielleicht aus wie Debbie, samt dem Leberfleck und allem, aber ich bin nicht sie, ehrlich nicht!«

Ich und Nicht-Debbie setzten uns in ein anderes, hübscheres Café an der Third Avenue. Sie bestellte einen schwachen Cappuccino mit viel Schaum, genau wie Debbie, und betrachtete mich mit einem prüfenden Blick, den ich kannte, und dann fing sie an, mir die verrückteste Geschichte zu erzählen, die ich je im Leben gehört hatte. Wie sich herausstellte, hieß auch Nicht-Debbie Deborah, aber sie war an diesem Morgen nicht aus Australien in New York eingetroffen. Sie kam aus einem Paralleluniversum. Kein Witz, das war es, was sie mir zwischen zwei Schlücken von ihrem schwachen Cappuccino erzählte. Und nein, sie war nicht infolge einer außerirdischen Offensive oder eines fehlgeleiteten wissenschaftlichen Experiments des amerikanischen Militärs hier gelandet, sondern im Rahmen einer TV-Gameshow, die sich »Es lebe der kleine Unterschied« nannte und momentan die höchsten Einschaltquoten in ihrem Paralleluniversum hatte.

Im Rahmen der Sendung werden fünf Kandidaten in ein Paralleluniversum geschickt, das alles enthält, was sie in ihrer eigenen Welt haben, bis auf eine Sache. Und genau darum geht es, die Teilnehmer müssen herausfinden, was in ihrer Welt existiert, in der neuen aber fehlt. Der erste Mitspieler, dem es gelingt, das fehlende Detail zu finden und mit lauter Stimme die Antwort auszusprechen, kehrt noch in der gleichen Sekunde ins Fernsehstudio seines eigenen Universums zurück und erhält unter dem Beifallssturm des Publikums den Preis von einer Million Dollar. Während der Gewinner die Million feiert, sind die anderen Teilnehmer des Wettbewerbs gezwungen, den Rest ihres Lebens in der Parallelwelt, in die sie geschickt worden sind, weiterzuleben. Was sich nach einem echt harten Preis für die Verlierer anhört, aber auch eine Menge Spannung ins Spiel bringt. In ihrem Fall jedoch juckte das Nicht-Debbie überhaupt nicht, weil sie keinen Freund hatte und schon seit Jahren nicht mehr mit ihren Eltern redete.

Diese komische Geschichte, die mir Nicht-Debbie erzählte, klang sogar für eine Lüge zu abseitig, und die Art, wie sie sie erzählte, war so dermaßen authentisch, dass ich sie glauben musste. In der letzten Runde, sagte sie, hatte ein Arbeitsimmigrant aus Ghana gewonnen, der herausgefunden hatte, dass das, was in der Parallelwelt fehlte, in die die Wettbewerbsteilnehmer geschickt worden waren, Selfie-Sticks waren. »Fucking Selfie-Sticks, kapierst du das?«, sagte Nicht-Debbie. »Ich weiß nicht, wie er es geschafft hat, da draufzukommen.« Ich fragte sie noch ein bisschen aus. Es stellte sich heraus, dass auch sie, wie Debbie, klinische Psychologie studiert hatte, aber nicht daran interessiert war, zu behandeln oder einen Doktor zu machen und deswegen auf einem Verwaltungsposten in irgendeinem reichen Upstate-College hängengeblieben war. Ich erzählte ihr von meinem Abschied von Debbie. Wie ich sie vor einer Woche zum Flughafen begleitet und den Terminal nicht verlassen hatte, bis ich ihr Flugzeug nach Australien aufsteigen sah. Sie nickte und meinte, das ergebe Sinn. Die Spielteilnehmer würden nie zu dem Erdteil geschickt, wo ihre Gegenstücke lebten, und wenn Debbie nicht nach Sydney geflogen wäre, dann wäre Nicht-Debbie wahrscheinlich, statt in New York aufzutauchen, in der Antarktis oder in Auckland gelandet. »Ich bin froh, dass sie weggegangen ist«, sagte sie und lächelte mich mit diesem Lächeln an, das mich zweieinhalb Jahre zuvor dazu gebracht hatte, mich in Debbie zu verlieben. »Auckland in allen Ehren, aber nichts geht über New York.«

Nachdem wir den Kaffee ausgetrunken hatten, beharrte Debbie darauf zu bezahlen, und eine Sekunde bevor wir uns trennten, sie war praktisch schon am Gehen, bot ich an, ihr dabei zu helfen, den Wettbewerb zu gewinnen. Um herauszufinden, was in dieser Welt gegenüber ihrer Welt fehlte, müsste sich Nicht-Debbie so viel Informationen wie möglich und so schnell wie möglich beschaffen, wobei ich ihr als Computermensch, der auf Datenbanken spezialisiert war, sehr behilflich sein könnte. Ich sah, dass Nicht-Debbie zögerte, und schränkte sofort ein, falls eine Hilfe von mir oder die Benutzung von Computern etwas sei, das gegen die Spielregeln verstieße, dann ... Aber Nicht-Debbie unterbrach mich lächelnd.

»Das ist es nicht«, sagte sie. »Ich will dich einfach nicht in die ganze komplizierte Geschichte mit reinziehen ... Ist ja nicht so, dass ich bloß irgendeine für dich bin.«

Ich erklärte ihr, dass das überhaupt nicht kompliziert sei. Ich war zwar zweieinhalb Jahre mit Debbie zusammen gewesen, aber sie sei Nicht-Debbie und wir hätten uns erst heute getroffen, und wenn es ihr passen würde, würde ich ihr gerne dabei helfen, die fehlende Sache zu suchen. Und wer weiß, nebenbei vielleicht sogar ein Fernsehstar im Paralleluniversum werden (Nicht-Debbie hatte mir nämlich erklärt, dass die Mitspieler rund um die Uhr gefilmt wurden und die Zuschauer jeden von ihnen auf einem eigenen Kanal verfolgen konnten).

Gegen vier Uhr morgens, nach neun Stunden pausenloser Suche durch technologische, geographische und kulinarische Datenbanken (in einer der Folgen der Show war die Parallelwelt eine Welt ohne Ahornsirup gewesen, ist das zu glauben?), sagte Nicht-Debbie, sie könne die Augen nicht mehr offen halten. Ihr zu Ehren bezog ich das Bett in meinem kleinen Appartement frisch, und sie schlief innerhalb einer Sekunde ein. Ich setzte mich hin und betrachtete die schlafende Nicht-Debbie. Es war seltsam, aber ich hatte das Gefühl, dass ich sie in den neun Stunden besser kennengelernt hatte als meine Debbie in den ganzen zwei und nochwas Jahren, die wir zusammengewohnt hatten. Die Möglichkeiten, die sie im Laufe der Suche nach dem fehlenden Element aufgeworfen hatte, offenbarten ihre Träume, Sehnsüchte und Ängste. Nicht dass sie meiner Debbie nicht ähnlich gewesen wäre, aber sie hatte auch etwas anderes an sich: Sie war offen, mutig, faszinierend und wild. Ich weiß nicht genau, wie man das nennen soll, wenn so was mit einer passiert, die zugleich deine Exfreundin ist, der du aber vorher nie begegnet bist – jedenfalls verliebte ich mich. Und während Nicht-Debbie bei mir in der Wohnung schlief, so nah, dass ich das Shampoo von ihren Haaren riechen konnte, stellte ich mir die vier anderen Spielteilnehmer der Sendung vor, wie sie weiter fliegende Katzen suchten, elektrische Ohrputzstäbchen, Deodorant für Augenbrauen oder was auch immer, das in ihrer ursprünglichen Welt existierte und hier fehlte. Ich wusste, es würde genügen, dass einer von ihnen es schaffte, das Ding zu finden, damit Nicht-Debbie hier bei mir bleiben würde, für immer. Ich spürte, wie auch mir die Augen zuzufallen begannen.

Nicht-Debbie weckte mich um ein Uhr mittags. Sie berichtete mir etwas aufgeregt, dass die durchschnittliche Zeit, die die Teilnehmer in den früheren Sendungen gebraucht hätten, um auf die Lösung zu kommen, bei elf Stunden lag, aber jetzt suchte sie schon über einen Tag lang. »Das war's«, sagte sie. »Bestimmt hat es einer von den anderen schon rausgefunden.«

Ich versuchte, sie zu ermutigen. Man könne es ja nie wirklich wissen, es wäre doch möglich, dass auch die anderen jetzt verwirrt in Manhattan, oder wo sie auch immer gelandet waren, herumwanderten und sie immer noch gewinnen könnte. »Vielleicht«, sagte Nicht-Debbie und lächelte plötzlich, »aber die Wahrheit ist, dass ich mir von dem Moment an, als ich bei der Show mitgemacht habe, vor allem ausgemalt habe, wie ich in dem Spiel verliere und ein neues Leben in der Parallelwelt anfange, ein besseres und weniger quälendes Leben als das, was ich dort gehabt habe.« Ich schwieg, und sie sah mich mit einem weichen Blick an, anders als alle Blicke, die ich jemals bei Debbie gesehen hatte. »Ganz ehrlich?«, sagte sie und berührte mein Gesicht mit ihrer Hand. »Was spielt es für eine Rolle, was in dieser Welt fehlt? Die Hauptsache ist, dass du da bist.«

Im Bett fragte ich sie, ob sie die Pille nehme, worauf sie erwiderte, sie würde doch stark hoffen, dass sie von allen möglichen Parallelwelten nicht ausgerechnet in einer ohne Kondome gelandet sei. Es war ein Scherz, doch als sie es sagte, konnte ich sehen, wie sie eine Sekunde zögerte, bevor sie den Satz vollendete, in der Befürchtung, es würde vielleicht doch stimmen und genügen, dass sie es aussprach, um in ihre Welt zurückgeschickt zu werden und uns damit für immer zu trennen. Nach dem Sex schlug ich ihr vor, dass wir die Datenbanken in den Bereichen Astronomie, Geopolitik und Geschichte durchsuchen könnten, aber sie sagte, sie würde lieber noch einmal mit mir schlafen.

Danach brachen wir zu einem Spaziergang im Central Park auf und aßen Würstchen. Nicht-Debbie sagte, in der Welt, aus der sie komme, sei sie Vegetarierin aus Gewissensgründen, aber sie habe das Gefühl, dass es hier, weil das ja gar nicht ihre Welt sei, ganz in Ordnung sei, Würstchen zu essen.

»Ich will nicht gewinnen«, sagte sie zu mir, als wir im Park am Teich standen. »Ich will nicht zurück. Ich will hier sein, mit dir.« Den Rest des Tages verbrachten wir im Zentrum der Stadt und zeigten einander die Orte, die jeder von uns in Manhattan am meisten liebte.

Auf die Art gelangten wir zur Trinity Church. Es war bereits Abend geworden, und die Kirche war märchenhaft beleuchtet, sie wirkte mehr wie aus einem Disney-Film als ein echter Ort. Ich erzählte ihr, dass ich vor zehn Jahren, als ich gerade erst in die Stadt gekommen war, per Zufall an dieser Kirche vorbeikam und noch am gleichen Tag einen Schwur abgelegt hatte, dass ich, sollte ich heiraten, es hier tun würde. Nicht-Debbie lachte und sagte, wie gut, dass ich die Kirche schon bestimmt hätte, bliebe jetzt bloß noch, eine zu finden, die einverstanden sei, mich in ihr zu heiraten.

Die Kirche war ziemlich leer, und von dem Moment an, als wir sie betraten, sah sich Nicht-Debbie unruhig um, als wäre sie auf der Suche nach etwas. Ich fragte sie, ob alles in Ordnung sei, und sie sagte, ja, sie verstehe bloß nicht, wo er sei. Als ich sie fragte, wer, bedachte sie mich mit einem Blick, als ob ich irgendwie schwer von Begriff wäre, und sagte: »Gott.« Nach einem kurzen Schweigen fügte sie hinzu: »Das ist eine Kirche, oder?« Ich nickte, und sie sagte: »Dann kann es nicht sein, dass er nicht da ist.« Ich versuchte, sie zu beruhigen. Ich erklärte ihr, dass ich persönlich nicht an Gott glaubte, dass aber auch die, die an ihn glaubten, sagten, es sei nicht möglich, ihn zu sehen.

Nicht-Debbie schüttelte langsam den Kopf und sagte: »Moment mal, dann gibt es in deiner Welt Kirchen, Moscheen und Synagogen und alles ist genau wie bei uns, nur Gott ist nicht wirklich drin? Kapierst du, das ist einfach eine Welt ohne Go...« Sie schaffte es nicht, diesen Satz zu beenden. Zumindest nicht in meiner Welt.

Sechs Jahre sind seitdem vergangen, und ich versuche immer noch, mir auszumalen, was mit Nicht-Debbie ab dem Moment passiert ist. Wie sie im strahlenden Scheinwerferlicht im Fernsehstudio eintraf und von Jubelstürmen des Publikums und Komplimenten des aalglatten Moderatorengespanns empfangen wurde, die ihr verkündeten, dass sie eine Million Dollar gewonnen habe. In meiner Phantasievorstellung freut sie sich manchmal und weint Tränen vor Glück, aber meistens ist sie traurig, lässt ihren Blick durch das Studio schweifen, sucht nach mir und findet mich nicht. Das Herz will sich vielleicht gerne ausmalen, dass sie glücklich ist, aber das Ego – das

Ego beharrt stur darauf zu glauben, dass jener Tag, den wir zusammen verbracht haben, für sie genauso bedeutungsvoll war wie für mich.

Weniger als ein Jahr, nachdem sie mir durch die Finger entglitten war, heiratete ich Debbie in der Trinity Church. Das Leben in Sydney hatte ihr nicht behagt, und zwei Monate nach ihrer Rückkehr in die Stadt beschlossen wir, ganz spontan, zu heiraten.

Der Sex mit ihr reichte übrigens nie an die Höhepunkte heran, die ich mit Nicht-Debbie hatte, aber er war angenehm und vertraut, und wir bekamen zwei niedliche, hübsche Kinder, Jack und Deborah-Junior, die lernen würden, in einer Welt ohne Gott zu leben, wie ich.

Gondola

Unter seinem Foto bei Tinder stand, dass er Oschik hieß, 38 Jahre alt, verheiratet ohne Kinder, und auf der Suche nach jemandem für eine ernsthafte Beziehung. Dorit, die sich in der Welt des Online-Datings bereits auskannte, war noch nie auf ein so merkwürdiges Profil gestoßen. Das etwas spießig formulierte Gesuch in Kombination mit seinen hohen Wangenknochen und den riesigen blauen Augen machte sie neugierig genug, um sich mit ihm treffen zu wollen. Der einzige Oschik, den sie jemals gekannt hatte, war ein Onkel von ihrem Vater gewesen, ein Versicherungsagent aus Netanya, und den hatte ein Hai gefressen. Das war eine Riesengeschichte damals, und während der Schiva fiel eine fürchterliche Fernsehreporterin über Dorit und Rotem, ihre große Schwester, her und bestand darauf, sie zu interviewen. Rotem sagte der Reporterin, dass Oschik jetzt ein Engel sei und sie sich ewig an ihn erinnern würde, und als die Reporterin Dorit fragte, woran sie sich in zwanzig Jahren am meisten von Onkel Oschik erinnern würde, stotterte Dorit, sie würde sich immer daran erinnern, dass ihn ein Hai gefressen hatte.

Zu ihrem ersten Treffen wollte sich Oschik um fünf Uhr nachmittags in einem Roladin-Café verabreden. Die Männer, die Dorit über die Apps kennengelernt hatte, wollten sie unbedingt immer in ihrer Wohnung treffen – hätten sie gekonnt, hätten sie das erste Date wohl gleich im Schlafzimmer ausgemacht –, aber er wollte nicht nur ein Treffen am Nachmittag in einem Oma-Café, sondern sagte auch, dass er nach einer Stunde wieder gehen müsse, denn am Abend würde er mit seiner Frau zu einer Hochzeit im Süden fahren.

Sie saßen einander gegenüber und nippten an ihren Kaffeetassen. Dorit fragte sich, wie lange es wohl dauern würde, bis sie zur Sache kommen würden, aber Oschik ließ sich Zeit. Sie spürte, dass er von ihr angezogen war und ihn das ein bisschen befangen machte. Er stellte ihr lauter altväterliche Fragen: wie war ihre Kindheit, was waren ihre größten Ängste, welche Musik hörte sie freitagnachmittags am liebsten, wenn die Welt um sie herum zum Schabbat hin langsamer wurde. Das ganze Vorgehen und die Atmosphäre glich mehr einer Verabredung in der Jugendgruppe der Bnei Akiva als dem Vorspiel zu einem Tinderfick. Es war eigenartig, doch auf eine gewisse Weise tat es Dorit gut. Viel lieber erzählte sie Oschik, wie Rotem ihr als Siebenjährige beigebracht hatte, sich nicht zu fürchten, wenn sie ein Rad schlug, als auf die Frage eines tätowierten Hipsters, den sie nur wenige Minuten zuvor auf der Dating-App nach rechts gewischt hatte, nach ihrer Meinung zu Analsex zu antworten. Dieser Oschik war wirklich an ihr interessiert. Mehr als nur interessiert, er verliebte sich. Und mit zweiunddreißig, nach einer viel zu langen Beziehung mit einem egoistischen Hightechtyp, der die Welt und Dorit als einen Algorithmus ansah, den man knacken musste, passte ihr so ein sanfter, empfindsamer Oschik jetzt gut. Sanft, empfindsam und verheiratet.

Der Bildschirmschoner seines Handys zeigte ein Foto von ihm und seiner Frau in einer Gondel. Als sie danach fragte, stotterte Oschik, das sei ein altes Bild von einer Reise nach Venedig und wechselte sofort das Thema. Als er auf die Toilette ging, fotografierte Dorit seinen Bildschirmschoner mit ihrem Handy ab und sah sich das Foto dann später zu Hause wieder an. Oschiks Frau war hübsch, hübscher als sie. Sie hatte goldbraune Locken, einen langen Hals und eine makellos reine Gesichtshaut. Egal, wie sehr Dorit das Bild vergrößerte, es gelang ihr nicht, in diesem Gesicht auch nur ein winziges Pickelchen oder eine einzige Sommersprosse zu entdecken. Auf dem Foto lächelte seine Frau mit strahlend weißen Zähnen und trug einen teuer aussehenden Ehering, während Oschik neben ihr nachdenklich blickte und keinen Ring trug. Auch zu ihrer Verabredung in dem Café war er ohne Ring erschienen. Auf dem Foto in der Gondel sahen die beiden sehr entspannt aus, aber irgendwie nicht wie ein Paar. Oschiks linker Arm lag auf der Schulter seiner Frau, doch die Berührung hatte nichts Erotisches oder Knisterndes an sich. Sie wirkte alles andere als romantisch, eher wie eine Umarmung mit einem Kameraden aus der Armee.

Auch ihr zweites Treffen fand in einem Roladin-Café statt. Dieses Mal wollte Dorit zahlen, aber Oschik weigerte sich. Er hatte sich eine Quarktasche bestellt und erzählte, dass er als Soldat jedes Mal, wenn er dazu verdonnert wurde, in der Basis zu bleiben, zur Kantine ging und sich mit einer Quarktasche tröstete. Dorit fragte ihn, ob das oft passiert sei, und er nickte und sagte fast stolz, dass er anscheinend der schlechteste Soldat in der Geschichte der israelischen Armee gewesen sei.

Sie hatten eine wirklich nette Unterhaltung, an deren Ende Oschik vorschlug, zu ihr nach Hause zu gehen. Er versuchte es ganz beiläufig klingen zu lassen, doch Dorit merkte, wie angespannt er war. Sie sagte zu ihm, er sei echt süß und sie würde gerne mit ihm zu ihr nach Hause gehen, aber bevor irgendwas zwischen den beiden starten könne, müsse sie verstehen, was die Sache mit seiner Frau sei. Es gebe viele Verheiratete auf Tinder, aber Oschik sei der Erste unter ihnen, der in seinem Profil geschrieben habe, dass er eine ernsthafte Beziehung suche. »Was heißt das genau?«, fragte sie lächelnd. »Wie ernst kann das sein, wenn du verheiratet bist?«

Oschik nickte: »Wenn du das so sagst, klingt es wirklich idiotisch.« Sie fragte ihn, ob seine Frau wisse, dass er sich mit ihr traf, und er stotterte, nein, aber sie würden ohnehin nicht miteinander schlafen, sie seien mehr so etwas wie Freunde. »Ich suche eine ernsthafte Beziehung, ehrlich!«, sagte er und streichelte zaghaft Dorits Hand. »Aber ich weiß auch, dass ich sie wohl nie verlassen werde, und das ist mir wichtig, dass das offen auf dem Tisch liegt. Damit du nicht plötzlich das Gefühl hast, ich hätte dir ein falsches Pferd untergejubelt.« Dorit meinte lächelnd, sie würde Pferde durchaus lieben und außer ihrem Großvater kenne sie niemand, der diesen Ausdruck noch benutze.

Der Sex mit Oschik erinnerte sie an ihre Gymnasialzeit, im guten Sinne. Alles war auf fast kindliche Art und Weise erregend. Er streichelte, küsste und leckte sämtliche Körperteile von ihr und schien die ganze Zeit unglaublich beglückt und dankbar. Während sie miteinander schliefen, schloss Dorit die Augen und dachte an eine Million Dinge, auch an die Gondola, wie sie seine Frau bei sich nannte. Sie verspürte keinerlei Schuldgefühl. Sein Körper zeigte ihr in jedem gemeinsamen Moment, wie ausgehungert er nach Berührung war, und wenn er das zu Hause nicht bekam, gab es keinen Grund, weshalb er es nicht von ihr bekommen sollte. Besonders, wenn er ihr dabei auch noch das Gefühl vermittelte, sie sei die begehrenswerteste Frau auf der Welt.

Am Anfang sah Dorit hauptsächlich ein kurzes Verhältnis darin. Eine Art exzentrisches und etwas abseitiges Kapitel in ihrem sonst eher stromlinienförmigen Leben, etwas, worüber sie einmal lächelnd erzählen könnte: Wie sie mit einem Typen gegangen war, der es jedes Mal von Neuem aufregend fand, wenn sie sich küssten, und der ihr zu den Treffen Quarktaschen, gefüllte Schokoriegel, Cornetto-Eis und Puddingbecher mitbrachte. Oschik war vielleicht nicht der wortgewandteste Mensch, den Dorit kannte, aber er war gutherzig, lustig und neugierig, und er liebte sie so, dass etwas von dieser Liebe sie ansteckte. Und sie redeten über alles. Fast alles. Über seine Frau redeten sie nicht. Als sie einmal versuchte, ihn nach ihr zu fragen, erklärte er ihr, wenn Dorit und er miteinander schliefen, hätte er nicht das Gefühl, sie zu betrügen, aber wenn er mit ihr über sie redete, dann schon. Deshalb bemühe er sich, gar nichts über sie zu sagen, nicht einmal wie sie hieß. »Auch ihr sage ich kein Wort über dich«, versuchte er zu scherzen, aber Dorit lächelte nicht. Sie sagte zu Oschik, dass ihr das ganze Arrangement als Geliebte einmal gut gepasst habe: Im Jetzt zu sein, nichts zu erwarten und vor allem, dass niemand etwas von ihr erwartete. Aber nachdem sie nun ein Jahr zusammen seien, genüge ihr das nicht mehr. Sie wollte mehr: Zusammenwohnen, ein Kind, eine Tochter oder einen Sohn, nicht jetzt gleich, aber irgendwann, an Feiertagen gemeinsam bei ihren Eltern beim Abendessen sitzen. Und wenn die Beziehung zwischen ihm und der Gondola wirklich so freundschaftlich und rücksichtsvoll sei, wie er behaupte, würde sie das sicher verstehen und ihn gehen lassen.

Oschik blickte sie mit seinen riesigen blauen Augen an und schien den Tränen nahe. »Du willst also, dass wir damit aufhören, weil ich am Pessachabend nicht mit zu deinen Eltern fahre?«, fragte er. »Matzeknödel und lahme Witze von Onkel Morris, das fehlt uns zu unserem Glück?«

»Ja«, sagte Dorit. »Nichts zu machen. Von allen Frauen auf der Welt hast du die eine komische erwischt, der es gefällt, wenn ihre Männer nicht mit einer anderen verheiratet sind.«

»Das ist nicht fair«, flüsterte er. »Ich hab dir schon beim ersten Treffen gesagt ...«

»Stimmt«, unterbrach ihn Dorit. »Du hast mir gesagt, dass es einen Haken bei der Geschichte gibt. Damals war das für mich in Ordnung. Aber jetzt ist der Moment gekommen, wo du zwischen dem Haken und mir wählen musst.«

Wäre es nach Dorit gegangen, hätte es hier geendet. Doch Oschik flehte. Sagte, sie habe ja recht, das würde alles stimmen, aber es sei kompliziert und er brauche Zeit. Er erklärte ihr nicht einmal, wozu – Zeit, um die Gondola auf die Trennung vorzubereiten, oder Zeit, um zu entscheiden, welche von ihnen er wählen sollte. Jedenfalls sagte Dorit, sie sei bereit, noch ein wenig zu warten, bis zum letzten Tag von Chanukka, aber dann müsste Oschik eine Entscheidung treffen.

Dieses Gespräch hinterließ einen leicht bitteren Geschmack zwischen ihnen. Nicht wie nach einem Streit oder Beleidigungen, sondern eine Distanz, überflüssige Vorsicht, zweimal überlegen, bevor sie einen Gedanken oder ein Gefühl miteinander teilten. Sie trafen sich weniger häufig, und auch wenn sie sich sahen, schwebte Dorits Drohung einer Trennung wie ein Fluch über ihnen, der Wirklichkeit werden konnte. Tief im Herzen wusste sie, dass Oschik die Gondola nicht verlassen würde, und noch tiefer in ihrem Herzen wusste sie, dass es ihr sehr schwerfallen würde, ihn aufzugeben.

Einmal, als sie an den Strand fuhren, zeigte ihr Oschik das Haus, in dem er wohnte, ein hohes, hässliches Gebäude mit Marmorverkleidung, und am Morgen der ersten Chanukkakerze fand sich Dorit wartend auf einer Bank gegenüber dem Gebäude. Nicht, dass sie einen Plan gehabt hätte. Auf dem Weg dorthin hatte sie sich gesagt, dass sie Oschik und seine Frau einfach nur zusammen auf der Straße gehen sehen wollte, um zu verstehen, wo sie stand, doch nachdem sie fast eine Stunde lang auf der Bank gewartet hatte, konnte sie sich plötzlich auch vorstellen, wie die Gondola allein mit Einkaufstüten bepackt zum Eingang lief und wie sie, Dorit, mit ihr redete. Ihr nichts verriet oder sie schikanierte, sondern einfach Kontakt mit ihr aufnahm, und wie sie ausmachten, sich zu treffen, ohne dass Oschik etwas davon wusste. Nach weiteren zwanzig Minuten auf der Bank gelang es Dorit bereits, sich auszumalen, wie sie Oschik und die Gondola konfrontierte, einfach so, mitten auf der Straße, ihn in peinliche Verlegenheit brachte, sich selbst zum Narren machte. Diese Vorstellung erschreckte sie. Sie stand von der Bank auf und nahm einen Autobus zurück nach Hause. Als sie Oschik das nächste Mal traf, bat sie ihn, nachdem sie miteinander geschlafen hatten, ihr zu sagen, wie die Gondola hieß. »Jardena«, sagte Oschik und presste sein Gesicht ins Kissen, »Zilli, Re'ut, Greta Garbo. Was spielt das für eine Rolle?«

Am nächsten Morgen fuhr Dorit wieder zu dem hässlichen Marmorgebäude. Diesmal kaufte sie sich einen Krapfen und setzte sich auf die Bank, um ihn gegenüber dem Hochhausturm zu essen. Sie aß ihn so langsam wie nur möglich. Kaute an winzigen Bissen, leckte fein säuberlich die Marmelade auf. Es dauerte fast eine halbe Stunde, doch keine Gondola, kein Oschik gingen aus dem Gebäude oder in das Gebäude hinein. Aber eine junge Frau mit einem Feder-Tattoo am Hals und einer Zigarette in der Hand kam aus der Lobby, setzte sich neben sie und begann zu rauchen. Dorit bat sie um eine Zigarette. Sie rauchte nicht wirklich, hatte aber das Gefühl, sie könnte noch ein paar Minuten auf der Holzbank herausschinden, ohne sich erbärmlich zu fühlen, wenn sie sich eine Zigarette anzündete. Während sie gemeinsam rauchten, fing die Federtätowierte an zu reden. Sie sagte, sie heiße Lian, studiere Ergotherapie an irgendeiner Hochschule und würde im Gebäude gegenüber in der Lobby als Portierin arbeiten. Die Leute, die dort wohnten, erzählte sie Dorit, platzten vor Geld, seien aber nett, zumindest ein paar von ihnen. Diese Woche hatten ihr alle möglichen Bewohner Umschläge mit Karten zum Fest und einem Zweihundert-Schekel-Schein gebracht, quasi als Taschengeld für Chanukka, und die Alte vom Penthouse hatte ihr einen Hundert-Dollar-Schein gegeben. Nicht mal zu ihrer Bat Mitzwa hatte sie solche Summen bekommen. Sie fragte Dorit, ob sie in der Nähe arbeite, und Dorit, die in der Regel nicht log, behauptete, sie sei Zahntechnikerin und arbeite in der Gegend, und nach ein paar Sekunden fügte sie hinzu, dass sie zufällig so ein Paar behandele, von dem sie meinte, dass es in diesem Gebäude wohnte, sie hießen Oschik und ... der Name der Frau sei ihr entfallen, aber der Familienname sei Arbel und sie seien wirklich nett.

»Oschik Arbel?«, sagte die Federtätowierte. »Den kenn ich. Er ist ein komischer Typ, aber echt lieb.«

»Ja«, nickte Dorit, »ich behandle ihn und seine Frau ...«

»Bist du sicher?«, unterbrach sie die Federtätowierte. »Ich kenne den Arbel, der ist nicht verheiratet. Er ist eher so der Typ Einzelgänger.«

Als Dorit daraufhin ihr Handy aus der Tasche zog und ihr das Foto von der Gondola und Oschik zeigte, lächelte die Federtätowierte und sagte: »Ah, Jardena. Das ist seine Schwester. Sie wohnt in Berlin, aber ihr Mann und sie kommen ganz oft nach Israel.«

Am Tag der siebten Chanukkakerze rief Oschik an und schlug ihr halb scherzhaft vor, in ein Restaurant zu gehen, um den Abend vor ihrem Ultimatum zu feiern, doch als Dorit erwiderte, sie sei nicht in der Stimmung, sagte er sofort, er würde zu ihr kommen und sie könnten sich was zu essen bestellen. Beiden war klar, dass dies wohl ihr letzter gemeinsamer Abend sein würde, und schlussendlich waren traurige Abschiede zu Hause, ohne Publikum, vorzuziehen. Oschik kam mit einer Schachtel Süßigkeiten, die er von irgendeinem Kunden aus Nazareth bekommen hatte, und schlug ihr vor, sie später zu essen, wenn der Bote das Essen geliefert hätte. Sie küssten und streichelten sich, als wäre nichts weiter, und Dorit versuchte, ganz ungezwungen zu wirken. Sie hatte gedacht, dass es schwierig sein, dass sie wütend und distanziert sein würde, doch sogar jetzt, nachdem sie entdeckt hatte, dass er sie ein ganzes Jahr lang angelogen hatte, fühlte es sich immer noch ganz natürlich an, wenn er sie küsste. Wäre es umgekehrt gewesen, hätte sie herausgefunden, dass sie mit einem Mann zusammen war, der ihr verheimlicht hatte, dass er verheiratet war, hätte sie das nicht verzeihen können. Doch an Oschiks Lüge war etwas, das einen zwar ärgerte, aber nicht wirklich böse machte. Offenbar liebte er sie – und nur sie –, hatte aber Angst, dass sie beide, ohne eine imaginäre Gondola, die am Horizont schaukelte, einander vierundzwanzig Stunden im Nacken sitzen und die Seele des anderen in Besitz nehmen würden.

Das thailändische Essen war schon etwas kalt, als es geliefert wurde. »Nimm«, tauschte Oschik die Gerichte aus, »meins ist noch in Ordnung. Nicht brühheiß, aber warm. Schmeckt gut, oder?« Dorit aß schweigend, und auch Oschik, der Dorits kalte Nudeln verschlang, sagte nichts. Als sie fertig waren, murmelte er: »Ich liebe dich. Ich liebe dich über alles. Mehr als sie, mehr als mich, mehr als die Quarktaschen in der Armeekantine. Glaubst du mir?« Dorit wollte auf ihn losgehen, ihm an den Kopf werfen, dass es reichte, dass sie alles wusste, aber sie sagte nichts, nickte nur. »Wenn das das letzte Mal ist, dass wir uns treffen«, flüsterte Oschik, »dann wäre es mir lieber, dass wir nicht miteinander schlafen. Ich weiß, dass Sex zum Abschied üblich ist, aber ich halte das nicht aus.« Dorit schwieg weiter. »Gut«, sagte Oschik, »ich gehe dann besser.« Doch statt aufzustehen, blieb er zusammengesunken auf Dorits Stuhl sitzen, und nach ein paar Minuten fing er an zu weinen.

Sein Weinen war echt, der Schmerz, alles war echt, außer die dumme Geschichte von seiner Frau. Dorit trat auf ihn zu, setzte sich auf seinen Schoß und küsste ihn auf die Lippen. »Wenn das das letzte Mal ist …«, flüsterte er wieder, »würde ich lieber nicht …«

»Ist es nicht«, sagte sie zu ihm, »ist es nicht.«

Nach dem Sex erklärte sie ihm, sie sei bereit, mit ihrem Arrangement weiterzumachen, aber sie wolle ein Kind. »Du und die Gondola«, sagte sie, »ihr werdet sowieso nie eins zur Welt bringen. Möchtest du nicht gern Vater sein?« Oschik zuckte die Achseln und erwiderte, dass er eigentlich nie Vater werden wollte, weil er sich selbst nicht genug liebte, aber wenn er sich ein Kind vorstellte, das auch eine Hälfte von ihr war, klang die Idee plötzlich gar nicht mehr so schlecht.

An Nurs drittem Geburtstag flogen sie alle drei nach Italien. Oschiks Frau war in Boston bei irgendeiner Fortbildung, und er schlug vor, das zu nutzen, um selbst irgendwohin ins Ausland zu entwischen. In Verona besichtigten sie den berühmten Balkon von Romeo und Julia, bei Mailand besuchten sie einen bezaubernden Vergnügungspark voller Einhörner und Feen, und in Venedig, wie auch anders, schaukelten sie in einer Gondel durch die schmalen Kanäle, die die Stadt durchzogen. Nur war glücklich, lachte die ganze Zeit und wollte ins Wasser hüpfen. Oschik und Dorit mussten sie festhalten, damit sie nicht hineinsprang.

»He, du kleiner Fisch«, sagte Oschik und zauste Nurs Haar, die sich in seinen Armen wand. Dann zog er das Handy aus seiner Tasche. »Bevor du uns im Wasser verschwindest«, sagte er, »sollen wir vielleicht zum Andenken ein Foto von Mama, dir und mir in der Gondel machen?« Nur presste die Lippen zusammen und schüttelte den Kopf. »Na gut«, lächelte Oschik und steckte das Handy wieder in die Tasche zurück, »dann eben nicht.«

Kein Zurück

Keine fünf Minuten nach meinem Zoom-Meeting mit dem Management kommt Rinat zu mir und sagt, sie will mit mir reden. Ich sage zu ihr, aber klar. Reden ist gut. Ich stehe immer noch etwas unter Adrenalin von dem Termin. Ich habe mit der Präsentation ziemlich zögerlich angefangen, aber dann ist es super gelaufen, und sogar Chemi meinte anerkennend, von seiner Warte aus wären wir startklar.

Rinat und ich sitzen in der Küche. Normalerweise führen wir solche Gespräche im Wohnzimmer, aber heute ist der Tag, an dem der Putzmann da ist, und er wischt dort gerade. Rinat schaut mich mit einem traurigen Blick an, was irgendwie beruhigend ist. Wäre es ein wütender Blick gewesen, hätte ich gewusst, dass ich gleich Stress kriege, aber ein trauriger kann auch einfach einen Streit mit einer ihrer rechthaberischen Schwestern bedeuten oder irgendein kleiner Unfall mit dem Auto. »Okay«, sage ich mit so zurückhaltender Stimme wie möglich, »über was wolltest du reden?« Es ist ein bisschen kränkend, dass sie mich nicht fragt, wie es mit der Präsentation gelaufen ist. Sie weiß, dass ich mich schon seit zwei Wochen darauf vorbereitet habe. Aber ich will nicht streiten, bloß dieses Gespräch gut hinter mich bringen. Sie soll mir erzählen, dass ihre naturbesessene Schwester wieder gesagt hat, dass wir materialistisch sind, und dann können wir weitermachen. Aber sie schweigt noch einen Moment und sagt dann, sie möchte, dass auch Nigel an dem Gespräch teilnimmt. Ich sage, in Ordnung. Ich hatte im Kopf, allem zuzustimmen, was sie sagen würde, aber ehrlich gesagt, es kommt mir schon ein bisschen seltsam vor, dass sie unseren nigerianischen Putzmann dabeihaben will. Nigel setzt sich reserviert an den Tisch. Er sieht mich nicht an, nur Rinat oder den Boden. Rinat sagt zu mir, dass sie und Nigel ineinander verliebt sind. Das hätte schon vor längerer Zeit angefangen, sie hätten bloß nicht gewusst, wie sie es mir erzählen sollen. Sie spürten beide, dass ihre Liebe, die ihre Welt mit Licht erfülle, mir gegenüber grausam und unfair sei, aber sie könnten sie nicht länger verleugnen.

»Sag mal«, sage ich zu Rinat, »was geht bei dir ab? Bist du bescheuert?«

»Hey!«, mischt sich Nigel zum ersten Mal in das Gespräch ein. »Don't call her bescheuert.«

»Du hältst die Klappe«, blaffe ich Nigel an. »Wenn

du weißt, was gut für dich ist, dann misch dich einfach nicht ein!«

»Jair!« Rinat wird laut. »So redest du nicht mit ihm, hörst du?«

»Was ›so‹?«, rege ich mich auf. »Was ist denn daran nicht in Ordnung, wie ich rede?«

»Du redest mit ihm, als ob ...«, sagt sie mit tränenerstickter Stimme, »als ob er irgendein Sklave wäre, dem du was befehlen kannst ...«

»Schluss!«, unterbreche ich sie. »Versuch jetzt ja nicht, mich als Rassisten abzustempeln. Ich rede mit ihm wie mit jemandem, der meine Frau fickt.«

»No you don't«, mischt sich Nigel wieder ein. »You are speaking to me like you are my master ... It is not my fault that you're a shitty husband.«

Das reicht mir. Ich drücke auf PAUSE. Das ist das echt Nette an Lebenssimulationen, sie sind wie das richtige Leben, du kannst sie aber immer stoppen, ein paar Parameter verändern und den Kurs neu ausrichten. Als ich Rinat kreiert habe, wollte ich, dass sie der Typ Frau ist, der gerne flirtet, damit ich ein bisschen eifersüchtig sein kann, aber keine Sekunde habe ich daran gedacht, dass das in einem Verhältnis mit unserem Putzmann enden würde. Also erhöhe ich als Erstes bei ihr den monogamen Treuefaktor, und um ganz sicherzugehen, lasse ich Nigel auf einem Auge schielen und schraube seine Intelligenz ein bisschen runter. Jetzt wird es etwa eine halbe Stunde dauern, das Programm neu zu starten, also stehe ich auf, um mir einen Happen zu essen zu suchen. In der Küche treffe ich auf Dikla, die auch gerade eine Pause von ihrer Simulation eingelegt hat, um sich ein Sandwich zu machen. Sie macht mir auch eins. Ich erzähle ihr, was mit Nigel passiert ist, und sie platzt fast vor Lachen. »Das sieht dir dermaßen ähnlich«, sagt sie, »dass dich deine Frau, einen Meter neben dir, mit dem Putzmann betrügt, und du merkst es nicht mal.«

»Sag mal, hast du mich mal betrogen?«, frage ich. »Ich meine, nicht mit jemandem in deiner Simulation, mit jemandem im echten Leben?« Dikla schüttelt den Kopf und grinst weiter. »Und sogar wenn«, füge ich hinzu, »ist das von mir aus völlig in Ordnung, wirklich.«

»Wirklich?« Dikla wirft mir einen belustigten Blick zu. »Und weil das so völlig in Ordnung ist, hast du deinem armen Putzmann gerade fast den Kopf abgerissen.«

»In der Simulation«, stelle ich fest. »Im Leben bin ich, wie du weißt, ganz gelassen. Hast du jemals gesehen, dass ich ...«

»Mit Avri«, unterbricht mich Dikla, »als du weggefahren bist, um dich um deine Mutter zu kümmern. Aber als deine Mutter dann gestorben ist, hab ich mich nicht mehr wohlgefühlt dabei, und wir haben sofort aufgehört ...«

Ich stehe Dikla wie versteinert gegenüber. In der rechten Hand halte ich ein Sandwich mit Salami und

Senf und in der linken das Küchenmesser. Auch sie schweigt.

»Ein Glück, dass meine Mutter gestorben ist«, sage ich schließlich zu ihr. »Und vielen Dank, dass du aufgehört hast, mit Avri zu ficken, aus Mitleid mit dem frischgebackenen Waisenjungen.«

»Ich hab's gewusst«, zischt Dikla. »Ich hab doch gewusst, dass du dich wie ein Baby aufführen wirst ...«

»Du hast es gewusst«, sage ich frostig zu ihr, »aber du hast es trotzdem erzählt. Und jetzt, jeden Tag ... jedes Mal, wenn du mir nahe kommst, werde ich diesen ekligen Schweiß von Avri an dir riechen ... Ich schwör dir, ich weiß nicht, was schlimmer ist, dass du es mit ihm getrieben hast, während meine Mutter fucking im Sterben lag, oder dass du jetzt, in irgendeinem Anfall von Ehrlichkeit, beschlossen hast, mich in diese ganze schöne Scheiße einzuweihen. Das war's Süße, wir hatten etwas, was Schönes, aber es ist zu Ende, du hast einfach beschlossen, es zu rui...«

Das reicht mir. Ich drücke auf PAUSE. Ich weiß noch, als ich Jair geschaffen habe, wollte ich, dass er sensibel ist, und ich habe seinen Sensibilitätsfaktor hochgepusht, bis sogar eine Warnung vom System aufgepoppt ist, aber ich habe sie einfach ignoriert. Ich wollte einen Mann, der bei Filmen weint, dessen Herz bei jedem Blödsinn höherschlägt, der fähig ist, innerhalb einer Sekunde zu checken, dass ich traurig bin. Genau so einen Mann habe ich mir für mich gewünscht, wenn schon nicht im Leben, dann wenigstens in der Simulation. Und das Ende vom Lied ist, dass ich, statt mit einem sensiblen Typen im Bett in Löffelchenstellung zu schlafen, stundenlang kindische Streitereien mit einem verbitterten Mister Eifersucht ausfechte.

Während ich mit Jairs Parametern spiele und das Programm auf einen Neustart vorbereite, höre ich Noga weinen. Sie hat sicher was Böses geträumt. Mein Mäuschen. Ich warte eine ganze Weile, um zu sehen, ob Roman aufsteht. In der Simulation kannst du die Tiefe des Schlafs deines Partners festlegen, echt tolle Sache. Am Anfang, als ich Jair gerade kennengelernt hatte, war er auf die Option »tiefer Schlaf« eingestellt, aber dann änderte ich das zu »leichter Schlaf«, und einen ganzen Sommer lang schliefen wir bei offenem Fenster und wachten mit dem Sonnenaufgang auf.

Noga weint noch immer. Roman steht nie auf. Auch wenn das Kind und ich in Flammen aufgehen würden, würde er wie ein Baby weiterschlafen. Während das System wieder hochfährt, gehe ich in Nogas Zimmer. Gleich werde ich sie ganz fest und liebevoll in die Arme nehmen und ihr mit beruhigender Stimme zuflüstern: »Wein nicht, mein Schatz, das ist nur ein Traum.«

Mesopotamische Hölle

Dem mesopotamischen Glauben nach ist die Hölle ein Ort, der absolut identisch mit unserer Welt ist, bis auf eine Sache: Die Toten, die dorthin gelangen, dürfen alles sagen, was ihnen in den Sinn kommt, aber sie können jeden Satz, jeden Ausdruck und jedes Wort nur ein einziges Mal sagen. Die Wörter entschweben aus ihren Mündern wie Seifenblasen, treiben einen Moment in der Luft und verdunsten auf immer und ewig. Stellt euch eine Welt vor, in der ihr sagen könnt »Ich liebe dich« oder »Noch nie habe ich mich so bei jemandem gefühlt« – aber jeweils nur einmal im Leben. Und nicht bloß einmal im Leben eines starken Rauchers mit schlechten Genen, der spätestens mit sechzig sowieso tot umfallen wird, sondern wirklich einmal in dem ewigen Leben nach dem Tod. Kein Wunder, dass die Mesopotamier so viel Angst davor hatten, in der Hölle zu landen.

Aber lassen wir die Liebesworte und Schmeicheleien beiseite. Malt euch eine Welt aus, in der ihr »Bitte«, »Entschuldigung«, »Hör auf«, »Das ist mir unangenehm« und sogar ein einfaches »Nein« nur ein einziges Mal sagen könnt. Stellt euch eine Beziehung in einer solchen Welt vor: Ein totes mesopotamisches Sünderpärchen, das in einem solchen wortrationierten Regime lebt und sich nicht öfter als einmal im Monat erlaubt, ein Wort – oder an Geburtstagen und Feiertagen vielleicht sogar mal einen ganzen Satz – aneinander zu verschwenden. Die beiden verbringen geschlagene vier Wochen mit Umarmungen, Zwicken, Küssen und Spucken, nur um den Monat mit »Alles wird gut« beschließen zu können, wohl wissend, dass es das letzte Mal »Alles wird gut« sein wird, das sie einander sagen werden.

Und dann, nach Tausenden von Jahren Höllenqualen, in denen die mesopotamischen Toten ihre knapp bemessenen Worte verbrauchen, bleibt jeder Sünder mit einem einzigen letzten Wort zurück, an dem er mit aller Gewalt festhält wie ein Ertrinkender auf hoher See, der versucht, sich an Wrackteile seines Schiffes zu klammern. Dieses Wort ist fast immer esoterisch oder überflüssig, denn wäre es gebräuchlich und relevant, wäre es schon längst ausgesprochen worden. Es kann »Rentner«, »Badminton«, »hybrid« oder »alternierend« sein, und da es das einzige ist, das dem Sünder noch geblieben ist, überflutet es seine ganze Welt. Das Wort ist dazu da, um zu erklären, zu drohen, zu schmeicheln, zu klagen, kurz, jedes Verlangen von ihm auszudrücken. Allerdings ist es nicht immer leicht, eine Welt innerer Konflikte mit Hilfe der Wörter »Chaiselongue« oder »scheinbar« oder »Fußabstreifer« zum Ausdruck zu bringen. Es gibt nur wenige, die am Schluss mit dem Wort zurückbleiben, das ihnen am allerwichtigsten ist, sei es »Verzeihung«, »Wahrheit« oder »vielleicht«. Sie hätten es schon unzählige Male dringend brauchen können, haben es aber vorgezogen, ihre Liebsten zu verletzen und alles zu verlieren, woran sie geglaubt haben, nur damit sie dieses Wort für sich bewahren konnten. Das wichtigste Wort von allen. Das Wort, das sie nie zu sagen wagten.

Eine wahre Hölle hatten sie da, diese Mesopotamier. Kein Wunder, dass es ein schlimmes Ende mit ihnen nahm.

Mitzwa

Jogev und ich sitzen auf dem zerfledderten Sofa im Wohnzimmer seines Bruders und warten, dass das Molly anfängt zu wirken. Jogevs Bruder ist ein Dealer. Er hasst es, wenn man ihn Dealer nennt, er sagt, dass er schließlich bloß für Freunde kauft. Aber er ist die Mutter aller Dealer. Sieht aus wie eine Eidechse. Kaltblüter. Nimmt Geld sogar von seinem kleinen Bruder. Er gibt ihm dreißig Prozent Rabatt, wie wahnsinnig großzügig von ihm, und während wir darauf warten, dass wir high werden, labert er uns voll, dass der Stoff Black Label sei, irre teuer. Dass er ihn von irgendeinem Holländer zu einem echt satten Preis erstanden hat und wegen uns jetzt Geld verliert. Holländer, na klar, garantiert hat er das ganze Zeug von irgendeinem Araber in Jaffa gekauft. »Wenn der Stoff kickt, dann direkt zum Penthouse«, ereifert er sich. »Kein Trödellift. Raketenstart. Ohne Stopps.«

»Jalla, los«, sage ich zu Jogev, »wir haben's gekauft

und eingeschmissen, jetzt komm ans Meer.« Jogev hat den Plan, dass wir high an den Strand gehen und Mädchen anmachen. Er hat das einmal mit seinem Bruder gemacht, ist zugedröhnt an die Promenade runter und mit einer Touristin aus Norwegen zurückgekommen. Normalerweise hätte er nie den Mut gehabt, sie anzusprechen, und noch dazu in Englisch, aber auf Droge fühlte er sich stark, wie ein Superheld. »Du bist schön«, sagte er zu ihr. »Wenn Gott jetzt aus einer Wolke runtersteigt und mir einen Wunsch schenkt, würde ich ihn um zehn Minuten bitten, um dich zu lecken. Wenn er noch einen geben würde, würde ich um ewiges Leben bitten. Falls ich einen dritten hätte, würde ich noch irgendeinen Frieden im Nahen Osten verlangen, als Zuckerchen für den Staat. Aber wenn er mir nur einen lässt, dann will ich bloß dich lecken.« Danach starrte er in die Wolken wie ein Idiot, als wartete er wirklich darauf, dass Gott heruntersteig und ihm das organisierte, und die Touristin lachte und sagte zu ihm: »Du bist süß. Bescheuert, aber süß.« Sie vögelten die ganze Nacht in der Wohnung seines Bruders. Sogar die Eidechse benahm sich wie ein Mensch, als er sah, dass die Norwegerin auf Jogev stand, und verdrückte sich. Was für ein Sex – o Gott. Vor lauter Glück liefen ihr die Tränen runter. Er weinte auch. Vor Glück, vor Dope, wegen allem.

»Jalla, los«, sage ich zum zweiten Mal zu Jogev, »wir haben gezahlt, alles geschluckt, verdammte Kacke, komm schon, raus hier. Wir haben gesagt, wir gehen ans Meer, Mädels suchen.« Jogev rührt sich nicht. Das ist das vierte Mal, dass er MDMA nimmt. Immer das Gleiche. Spürt nichts. Dann kackt er. Erst wenn er einen Haufen in die Kloschüssel abgedrückt hat, wirkt es bei ihm. Als ob man einen Korken rausgezogen hätte. Bevor er nicht gekackt hat, sagt er, tut sich nichts. Und das fehlte ihm noch, dass er draußen scheißen muss. In den Toiletten am Meer ist alles nass und stinkt, und es gibt fast nie Klopapier. Und wenn es eins gibt, dann ist es kratzig, atmet nicht, wie die Servietten von den Hummusbuden an den Tankstellen.

»Was stresst du denn so?«, wirft mir sein Bruder, die Eidechse, hin und schaltet seinen 40-Zoll-Fernseher ein, den Modekanal. »Hast du Schiss, dass dir der Trip abhaut, bevor du es die Treppen runterschaffst? Das ist erstklassiger Superstoff. Der hält mindestens zehn Stunden, mit Garantie.« Ich schweige. Bleibe sitzen. Ich will jetzt nicht streiten. Auf dem Modekanal interviewen sie ein hübsches, aber flaches Model. Sie redet viel, was man aber nicht hört, weil auf stumm geschaltet ist. Jogevs Bruder schaut sie mit einem geilen Blick an. Er hat nichts genommen, er ist einfach bloß so geil. Auch ich merke noch nichts. Es ist das erste Mal, dass ich MDMA nehme.

»Mach mal Musik«, sagt Jogev. Sein Bruder rührt sich nicht, betrachtet weiter das Model, das ohne Ton redet und sich eine Träne aus dem Auge wischt, ohne die Schminke zu verschmieren.

»Nicht jetzt«, zischt die Eidechse, ohne den Blick vom Bildschirm abzuwenden, »du störst mich beim Erfinden, was sie sagt.«

»Meine Güte, Mann«, versuche ich, Jogev zu helfen, »mach uns doch mal Musik.«

»Pssst...« Jogevs Bruder legt einen Finger auf die Lippen und bedeutet mir, wie ein Lehrer, zu schweigen. »Jetzt sagt sie gerade, ›Schon seit sieben Jahren hat mich keiner gefickt. Ich bin so was von geil‹.«

»Wieso sieben?«, frage ich. »Die ist doch noch keine zwanzig.«

»Dann eben vier«, erwidert Jogevs Bruder und zündet sich eine Zigarette an. »Stör mich nicht.«

»Na, jetzt mach schon Musik«, verliert Jogev die Geduld, »und bring auch 'ne Cola.« Sein Bruder nimmt eine Fernbedienung vom Tisch und drückt auf irgendwas in voller Lautstärke. Trancemusik. Aber beschissene. Hirnloses Gewummer. »Und eine Cola«, wiederholt Jogev.

»Gibt keine Cola«, blafft sein Bruder und glotzt weiter das dünne Model an. »Gibt Wasser am Hahn.« Jogev sagt, dass er keine Kraft hat aufzustehen und steht dann auf. Geht aber nicht in die Küche. Sondern kacken. Ich schaue das flache Model an, das die glatten Haare vor der Kamera schüttelt, und spüre, wie es langsam anfängt zu wirken.

»Sie sagt, ›Ich würde sterben, jetzt einen Schwanz zu lutschen, aber nur von jemand, der's draufhat, mit Erfahrung‹. Mit einem Wort«, Jogevs Bruder sieht mich mit seinem widerlichen Grinsen an, »du bist raus, Junge.«

Durch die wummernden Bässe der Trancemusik höre ich Jogev auf dem Klo vor Anstrengung brüllen, als ob er versucht, ein Hundert-Kilo-Gewicht hochzustemmen. Und dann ein Plumps. Oder ich hab's mir nur eingebildet. Hat fast zu laut gekracht. Als ob jemand einen Ziegelstein in die Kloschüssel wirft. Eine Minute später kommt Jogev verschwitzt aus der Toilette und sagt: »Komm, wir gehen runter.«

»›Einer mit Erfahrung und einem Riesenapparat‹«, synchronisiert die Eidechse weiter das Model, »›so ein fetter mit rausstehender Ader, die an der Eichel anfängt.‹«

Der Himmel draußen ist rot-blau. Die Farben von den Autos und Ampeln vermischen sich in meinem Kopf, aber auf eine gute Art. Ein trockener Wind kühlt mir das Gesicht. Ein Ziehharmonikabus hupt und überfährt mich beinah. Jogev treibt uns Richtung Meer, im Eiltempo. Für ihn heißt jetzt jede Minute, die wir auf der Allenby verplempern, eine Minute weniger mit einer Touristin. Ich versuche, an ihm dranzubleiben.

Bei der Großen Synagoge stoppt uns ein Glatzkopf mit einer großen schwarzen Kippa und murmelt etwas von einer Mitzwa. »Wir haben keinen einzigen Schekel einstecken«, schwindelt Jogev, aber der Glatzkopf redet weiter. Sagt, dass er kein Geld will, und erzählt uns von einem Sasson. Achtzig, kommt jeden Tag zum Abendgebet und am Schabbat auch in der Früh. Hat sechzehn Jahre lang kein Gebet versäumt. Heute ist er nicht gekommen. Sie haben auf seinem Handy angerufen, der Sohn hat geantwortet. Sasson ist im Ichilov-Krankenhaus. Hat sich in der Dusche das Becken gebrochen. Und jetzt geht die Sonne gleich unter, und es fehlt ihnen ein Mann zum Minjan. »Wenn wir keine zehn Männer zum Minjan zusammenbringen, funktioniert es nicht«, seufzt der Glatzkopf, als ob dieses Gebet ein Handy ist, das man mit dem richtigen Akku laden muss. »Tut eine gute Tat, und helft uns aus.«

Jogev lacht debil. Der Glatzkopf hat ihn überrascht. Er hat eigentlich gedacht, er sei ein Bettler. »Ich? Jetzt? Beten?«, sagt er zu ihm. »Schau ich so aus?« Aus seiner Sicht ist er schon unterwegs zum Vögeln.

»Man muss nicht religiös sein«, beharrt der Glatzkopf, »nicht einmal glauben muss man. Tu es für deinen Nächsten. Von Mensch zu Mensch. Wie wenn mein Auto liegengeblieben ist und du mir hilfst, es zu starten.«

»Wallah«, grinst Jogev. »Und selbst wenn dir der Karren verreckt ist, meinst du vielleicht, ich würde dir helfen, dass er anspringt?«

Der Glatzkopf legt mir seine Hand auf die Schulter. Er kommt mir sehr nah, er riecht nicht gut. Er schaut mich mit seinen riesigen Augen an, die Augen von einer Kuh, eine Sekunde bevor sie geschlachtet wird. In meinem Zustand kommt es mir so vor, dass er gleich weinen wird.

»Komm, wir beten«, sage ich zu Jogev. »Ist doch kein großer Akt. Ist doch sogar echt ein Ding.«

Jogev schüttelt den Kopf und entfernt sich in Richtung Strand. Es gefällt mir gar nicht, von Jogev getrennt zu werden und mitten auf der Allenby total high allein zu bleiben, aber ich kann auch den Glatzkopf mit den Kuhaugen nicht stehenlassen. Ich möchte ein guter Mensch sein. Ich will zwar ficken, aber auch ein guter Mensch sein. Und Beten ist echt leicht, viel leichter als mit Mädchen zu reden.

Die Synagoge ist riesig, aber leer. Der Glatzkopf bringt mir ein Gebetsbuch und eine weiße Kippa mit Goldstickerei. Sie hat einen Fleck. Nicht direkt einen Fleck, aber so was, das wie Klebstoff aussieht, der Schmutz gefangen hat. Irgendwie bräunlich, eklig, aber nur auf der Oberseite, die nicht mit dem Kopf in Berührung kommt. Ich setze das Käppchen auf und stecke es mit einer Haarklemme fest. Seit meiner Bar Mitzwa habe ich kein Gebetsbuch mehr aufgeschlagen. Neun Jahre ist das her, aber ich erinnere mich immer noch auswendig an das Kapitel, das ich vortragen musste, und wie viel Angst ich hatte, dass ich es verpfusche, und wie sie nachher Bonbons auf mich geworfen haben und mich eins am Auge getroffen hat.

Außer dem Glatzkopf sind noch acht andere da. Fast alle mit einem Bein im Grab. Nur einer ist jung, mit einem Ring im Ohr und gezupften Augenbrauen wie eine Tussi. Schaut schwul aus. Ausgerechnet er stellt sich neben mich, echt nah. Zeigt mir im Gebetsbuch, was gelesen wird. Die Buchstaben sind undeutlich, irgendwie bläulich, aber man muss sowieso bloß murmeln. Als die Seite zu Ende ist, blättert er für mich um. Vielleicht ist er doch nicht schwul. Vielleicht ist er einfach bloß nett.

Mein Handy klingelt. Jogev ist dran. Ich bin mir nicht sicher, ob man während des Gebets telefonieren darf. »Wo bist du?«, frage ich ihn.

»Weiß nicht«, sagt er, aber es klingt ziemlich entspannt, alles im grünen Bereich.

»Mach aus«, flüstert mir der Ohrringtyp zu und deutet auf das Handy. »Das ist das Haus Gottes. Das ist unpassend.«

Ich lege auf, aber nach ein paar Sekunden ruft Jogev gleich noch mal an. Ich gehe nicht ran, worauf er mir eine Nachricht schickt, aber bloß mit zusammenhanglosen Buchstaben. Ich hoffe, er ist okay. Ich möchte ihm ja helfen, aber es ist mir unangenehm vor dem Ohrringtyp, vor Gott. Sie sind beim Schema Jisrael angelangt. Das kann ich noch auswendig, also schreie ich laut, damit alle hören, dass ich es weiß.

Als das Gebet zu Ende ist, drücken mir alle neun die Hand und sagen, ich habe eine Mitzwa gemacht. Dass ich sofort aufgelegt habe, als mich der Ohrringtyp darum gebeten hat, hat mein Ansehen bei ihnen gehoben. Der Glatzkopf fragt mich, ob ich irgendwo hinmuss. Er ist mit dem Moped da. Ich versuche, Jogev anzurufen, lande aber bei seiner Mailbox. »An den Strand«, sage ich, und der Glatzkopf nickt und gibt mir einen Helm. Er fährt echt schnell, oder es fühlt sich für mich so an, weil ich high bin. Ich umarme ihn fest, versuche nicht runterzufallen. Als er mich an der Promenade absetzt, sage ich schnell danke und gehe los, aber er ruft mir nach und deutet auf meinen Kopf. Will den Helm zurück.

Obwohl es schon dunkel ist, sind Leute am Strand. Zwei Frauen kommen im schnellen Tempo auf mich zu. Eine von ihnen ist groß. Hübsch. Vielleicht hat Gott sie mir geschickt, weil ich gebetet habe. Wenn ich Jogev wäre, würde ich sicher was zu ihr sagen. Sie und ihre Freundin marschieren an mir vorbei, und ich bleibe einfach weiter stehen. Die Hübsche kehrt um. »Alles in Ordnung mit dir?«, fragt sie. »Du zitterst total.« Ausgerechnet die Hübsche. Nicht ihre Freundin mit den Pickeln im Gesicht, die ja auch hätte fragen können. Die Hübsche sorgt sich um mich. Ist interessiert. Das kommt bestimmt von Gott.

Ich will etwas zu ihr sagen. Etwas Gutes. Aber mir fällt nichts ein. Ich versuche mich zu erinnern, was Jogev zu der Norwegerin gesagt hat, bemühe mich zu lächeln und sage zu ihr: »Wenn Gott jetzt aus einer Wolke runterkommt und mir einen Wunsch schenkt, würde ich ihn um zehn Minuten bitten, um dich zu lecken.« Ich erinnere mich, dass es noch weiterging, aber ich weiß nicht mehr wie. Die Picklige sagt zur

Hübschen: »Komm, wir gehen.« Die Hübsche macht ein verletztes Gesicht, und die beiden drehen sich um und gehen weiter. Vielleicht kam sie doch nicht von Gott. Oder schon, aber es hat nicht funktioniert, weil ich mich nicht an den Schluss erinnert habe, bloß daran, dass es witzig war, irgendwas mit Frieden im Nahen Osten.

Ich gehe weiter, suche Jogev. Vielleicht ist er schon mit einer in der Wohnung seines Bruders, und die Eidechse im Wohnzimmer schaut sich den Modekanal an und synchronisiert irgendeine Chinesin mit hohen Wangenknochen, während Jogev abspritzt. Aber null Chance. Er ist garantiert hier, ich muss nur weitersuchen. Plötzlich falle ich auf den Sand. Oder jemand hat mich umgeschubst. So ein großer Typ hängt über mir in der Luft wie irgendein Superman. Sagt was zu mir, das sich wie ein Fluch anhört, dann tritt er mich oder wirft etwas Schweres auf mich. Ich glaube, es war ein Tritt. Mir dreht sich noch mehr der Kopf. Vom Tritt oder Trip. Die Hübsche ist auch da und ihre Freundin auch. Die Hübsche hängt sich an den Superman, versucht ihn von mir wegzukriegen. Vielleicht ist es ja trotzdem ein Zeichen von Gott. Vielleicht ist das die Belohnung für den Minjan und dass ich Jogev abgewürgt habe. Wer weiß, wo dieser Junkie jetzt ist. Bestimmt in der Nähe, sitzt neben einer Touristin auf einem Handtuch, fragt sie in seinem grässlichen Englisch nach ihrem Sternzeichen. Der Superman schlängelt sich an der Hübschen vorbei, nimmt Anlauf und verpasst mir noch einen Tritt in die Rippen. »Doron, Schluss!«, kreischt die Hübsche. »Es reicht!« Sie hat eine zarte Stimme, sogar wenn sie schreit. Die Stimme einer Hübschen. Er tritt weiter zu.

Ich wache am Strand auf. Kann nur ein Auge aufmachen. Sand klebt mir im Gesicht, am Blut auf meinem Gesicht. Der Superman ist nicht mehr da. Die Hübsche dagegen schon. Sie gibt mir eine Coladose, sagt, dass es am Kiosk kein Wasser gegeben hat. Ich versuche zu trinken, schaffe es aber nicht zu schlucken. Noch ein anderer, mit einer Baseballkappe, kommt dazu. Die Hübsche erzählt ihm etwas, was ich zu ihr gesagt habe oder von diesem Doron, der mich zusammengeschlagen hat. Der mit der Baseballkappe mustert mich und sagt zu ihr: »Am besten ist es, wenn er liegen bleibt«, und die Hübsche versucht mir zuzulächeln, aber das Lächeln gerät schief. Sie sagt etwas, das ich nicht verstehe, und dann das Wort »Ambulanz«, und obwohl ihr Mund jetzt total schief verzogen ist und sie fast weint, bleibt sie immer noch hübsch. Ich war noch nie mit einer Hübschen zusammen.

Moderner Tanz

(für Inbal)

Schaut, wie er sich bewegt. Seht, wie er einen zarten Schluck aus dem Espressotässchen nimmt, das er in der einen Hand hält, während er mit der anderen einen Emoji mit erhobenem Daumen sendet und gleichzeitig mit einem Augenzwinkern die Rechnung bei der lockigen Kellnerin des schicken Cafés in der Nachbarschaft ordert. Noch bevor sie bei ihm angekommen ist, steht er schon da und zieht mit einer einzigen fließenden Bewegung die Kreditkarte heraus, und im gleichen Moment, in dem die Bedienung zögernd die vergoldete Karte entgegennimmt, lässt er sie los, um einem Kollegen zuzuwinken. Die Bewegung, die als Gruß beginnt, verwandelt sich überraschend in einen flinken Schlag, der eine lästige Fliege zerquetscht. Die Leiche der Fliege wischt er an einer Einwegserviette ab, die unter dem Löffelchen liegt, das ihm mit dem doppelten Espresso serviert wurde. Während er die Reste der Fliege auf das

Papier schmiert, faltet er es geschickt in vier identische Quadrate und setzt das Falten gleich fort, um aus der banalen Serviette ein prachtvolles Origami eines Schwans zu kreieren, das er, zusammen mit einem großzügigen Trinkgeld, der entzückten Bedienung übergibt, die ihm mit Blicken folgt, als er geschmeidig aus dem Café eilt, während wollige Federwolken seine Schritte in langsamem Takt begleiten. Zu langsam für seinen Geschmack.

Seht, wie er mit seinem silbrigen Tesla dahingleitet, völlig sicher zwischen den Spuren segelt wie eine olympische Eiskunstläuferin auf ihrem Weg zu einer Goldmedaille: Spotify hört, sein Navi ignoriert, das elektrische Fenster herunterlässt und der Frau mit dem ungepflegten Haar in dem ramponierten Wagen rechts von ihm signalisiert, dass sie ihm ermöglichen soll, sich in die Spur einzufädeln. Nun hupt er einen Alten in einem grauen Volvo an, schluckt eine Pille gegen Sodbrennen, beantwortet einen Anruf über die Freisprechanlage und beruhigt einen besorgten Kunden, während er in der Nase bohrt. Das Leben ist permanente Bewegung, und er, so scheint es, lebt für uns alle. Und schon ist er im Bürogebäude, drückt den richtigen Knopf im richtigen Aufzug, ohne zu vergessen, den Portier zu grüßen, der gebückt in der Lobby sitzt und dessen Name ihm gerade entfallen ist.

Jetzt können wir ihn regelrecht schweben sehen. Sein Gesäß nähert sich der Kloschüssel in der leicht vernachlässigten Toilette auf der Direktionsetage der

Firma, nähert sich, berührt sie jedoch nicht. Effektiv wie ein Polizist, der den Verkehr lenkt, erregt wie ein Dirigent auf der Bühne einer Konzerthalle, gelingt es ihm, mit seiner speichelbenetzten rechten Hand zu onanieren, während die linke sein Gesäß mit luxuriösem Klopapier abwischt. Seht ihn die Augen schließen und sich vorstellen, wie er die lockige Kellnerin auf dem klebrigen Caféhaustisch nimmt, wobei all das geschieht, während er ein detailliertes Update vom stellvertretenden CFO erhält, der in der benachbarten Toilettenkabine uriniert. Achtet darauf, wie er es schafft, sein Stöhnen beim Orgasmus mit einem enttäuschten Seufzen über den Umsatz des Unternehmens im letzten Quartal zu verbinden. Es war tatsächlich ein herausforderndes Jahr mit der Inflation und dem permanenten Konsumrückgang, doch die Firma ist immer noch stark und dynamisch, genau wie er. Seht, wie selbstgefällig er sein verärgertes Spiegelbild betrachtet, wie es sich die Hände mit Wasser und Seife wäscht, während es den CFO zusammenstaucht.

Seht nur, wie er zuckt. Auf dem blauen Marmorboden eines protzigen Biorestaurants zappelnd zwischen Leben und Tod. Seht ihm zu, wie er röchelt und sich gleichzeitig vollsabbert. Die Stirn ist schweißnass, die Beine zucken, das Gehirn rast auf einmal in alle Richtungen. Anscheinend ist es das Herz oder vielleicht ein Schlaganfall, aber was auch immer, es fühlt sich endgültig an. Seht her, wie er tonlos die

Lippen bewegt, mit panisch aufgerissenen Augen gen Himmel stiert und stattdessen eine schöne, hohe Bauhausdecke sieht. Seht, wie sein ganzes Leben in einem einzigen Moment wie ein glatter Imagestreifen vor seinen Augen abläuft: Wie er vom exzellenten Schüler zum exzellenten Soldaten, exzellenten Studenten und exzellenten Generaldirektor wurde, der sich gerade in seinen letzten Augenblicken auf dem Marmorboden eines angesagten Pop-up-Restaurants krümmt. Achtet darauf, wie sein bleiches Gesicht vor dem Hintergrund des blauen Marmorbodens eine Spur an die entfliehende Schönheit einer Federwolke am Sommerhimmel erinnert. In zwanzig Minuten, wenn der Sanitäter in der Notaufnahme seinen Tod feststellen wird, werden wir zur Beobachtung der Bewegung einer anderen Person wechseln: eine alte, alleinstehende und demente Frau namens Alma Bichler in der Abteilung für Innere Medizin eines geriatrischen Krankenhauses im Norden des Landes. In Wirklichkeit buchstabiert man ihren Namen mit *ie*, aber sie ist schon längst nicht mehr in der Lage, das zu bemerken oder anmerken zu können. Die Begegnung mit ihr wird gleichzeitig zitternd und statisch sein und wird – ohne hier allzu viel zu enthüllen – mit einem nicht weniger schrecklichen und mitreißenden Ende überraschen.

Solo

(für Takafumi)

Die Fakultät für Einsamkeitswissenschaften der Freien Universität Berlin wurde von dem Ehepaar Norman und Chalina Goldkopf gegründet, den bedeutendsten Neurowissenschaftlern ihrer Zeit. Sie sind nicht mehr zusammen. Als sie sich trennten, verließ Norman die Fakultät und Berlin. Es war eine üble Trennung, voller Auseinandersetzungen und gemeiner Anschuldigungen. Beiden war klar, dass es schlimm enden würde, wenn sie sich weiterhin bei Sitzungen und auf den Korridoren der Fakultät begegnen würden, doch keiner von ihnen war bereit wegzugehen. Also warfen sie eine Münze. Mit der Zeit wusste Norman nicht mehr, für welche Seite er sich entschieden hatte, jedenfalls war es die falsche, und innerhalb von drei Wochen fand er sich an der Universität von Kyoto wieder, wo er langweilige Einführungskurse hielt. Über ein Dutzend führende europäische Universitäten hatten um ihn geworben, doch

Norman hatte Kyoto gewählt, weil es am weitesten von Chalina und Berlin entfernt war. Und während er sich an seinem neuen Wohnort akklimatisierte, begannen Chalina und die Fakultät ungeahnte Höhen zu erklimmen. Chalina rekrutierte die besten Köpfe auf dem Gebiet der Kognitionswissenschaft und Künstlichen Intelligenz, und mit Hilfe einer riesigen Spende eines von Einsamkeit geplagten Hightech-Milliardärs rief sie das »Projekt Solo« ins Leben, das zukünftig für jeden Menschen auf der Welt eine Zwillingsseele produzieren sollte: eine virtuelle Identität, die wie ein Gummihandschuh zu dem Menschen passt, für den sie bestimmt ist.

Die Interessensbereiche der virtuellen Identität sollten in weiten Teilen mit denen ihrer jeweiligen Partner übereinstimmen, was hieß, in ausreichendem Maße gleichgelagert sein, um den beiden eine gemeinsame Sprache zu geben, jedoch auch unterschiedlich genug, um sich gegenseitig inspirieren zu können. Der Übergang vom Forschungsstadium zur Kommerzialisierung erfolgte fast umgehend. »Solo1«, der konzipiert worden war, um die Einsamkeit der Professorin Chalina Goldkopf nach ihrer Trennung zu lindern, war brillant und gewinnend, und die kurzen YouTube-Clips, die die beiden zeigten, wie sie zusammen Sauerteigbrot backten oder eine bunte Piñata in ihrem Hof zerschlugen, eroberten die sozialen Netzwerke im Sturm. Sehr rasch trafen Anfragen von reichen Personen aus aller Welt ein, die der

Fakultät riesige Spenden für einen eigenen »Solo« anboten. Von da bis zur kommerziellen Vermarktung des Projekts war es nur noch ein kurzer Weg. Die Zeitungen waren voll von Meldungen über den immens erfolgreichen Börsengang von Chalina Goldkopf und der Freien Universität – und das alles, ohne auch nur mit einem einzigen Wort Norman zu erwähnen, der weiterhin am anderen Ende der Welt Einführungskurse für Erstsemester hielt.

Jeden Abend saß Norman allein in seiner winzig klein zusammengepferchten Junggesellenwohnung, trank eine Misosuppe aus der Tüte und suchte im Netz nach neuen Nachrichten über den ungeheuren Erfolg seiner Exfrau. Er war stolz auf sie, aber auch neidisch; er verzieh ihr alles, war aber weiterhin wütend; er hoffte, sie würden wieder zusammenkommen, aber auch ein bisschen, dass sie sterben würde. Die japanische Psychologin, bei der er in Kyoto in Behandlung war, meinte, die tägliche Suche im Netz sei Ausdruck einer Obsession. Es dauerte eine Weile, bis Norman verstand, dass sie das dachte, denn ihr Englisch war sehr rudimentär, mit einem grauenhaften Akzent, aber sobald er verinnerlicht hatte, dass er besessen war, begann er die Stunden, die er im Internet verbrachte, zu reduzieren und sich andere Hobbys zu suchen. Irgendwann bestellte er sich sogar sein eigenes, persönliches weibliches Solomodell. Solo9066 liebte es, Schach zu spielen und sich zu beschweren. Ihre Vorliebe für das Jammern schuf eine

Verbindung zwischen ihnen, und Norman entdeckte zu seiner Freude, dass sie auch weiterjammern konnten, wenn Solo9066 ihm zu rochieren beibrachte. Und dann, mitten in einer dieser nörglerischen Schachpartien, erhielt Norman eine Push-Nachricht, dass Chalina unter tragischen Umständen im Laufe einer Überraschungsparty, die Solo1 und ein paar Kollegen von der Fakultät für Einsamkeitswissenschaften für sie organisiert hatten, den Tod gefunden hatte.

Beim Begräbnis hielt Solo1 eine bewegende Rede. Für die ganze Welt, so sagte er, war Professorin Chalina Goldkopf eine Wissenschaftlerin und bahnbrechende Unternehmerin, und die Welt würde ihr weiterhin Dank schulden für ihren außerordentlichen Beitrag zur Wissenschaft, doch er, Solo1, würde sich hauptsächlich nach ihren endlosen inneren Konflikten über fast alles und jedes sehnen, und nach ihren Wutausbrüchen, die immer, wie auch anders, mit einer intensiven, emotionalen Versöhnung endeten, nicht nur mit ihm, sondern mit dem ganzen Universum.

Die Rede von Solo1 ging in einem solchen Maße viral, dass 3.86 % der Babys, die in dem Monat, als der Clip im Internet erschien, auf die Welt kamen, den Namen »Solo« erhielten und 2.27 % der Haustiere, die in diesem Zeitraum angeschafft wurden, den Namen »Goldkopf«. Drei Tage, nachdem ihn Norman zum ersten Mal gesehen hatte, fand er sich in der Business

Class einer Lufthansamaschine nach Berlin wieder, ein Gläschen Schnaps trinkend. Offiziell handelte es sich um eine Forschungsreise, doch Norman war sich klar darüber, dass er hauptsächlich dorthin reiste, um Solo1 zu konfrontieren.

Ihre Begegnung begann auf dem falschen Fuß und entgleiste von da an immer mehr. Etwas an der Art, wie Solo1 seine Argumente vorbrachte, versetzte Norman in eine derartige Rage, die niemand auf der Welt – außer Chalina – hätte beschwichtigen können. Die Auseinandersetzung wurde handgreiflich, und Norman gelang es mit Hilfe seiner enormen wissenschaftlichen Kenntnisse und einer halbvollen Sprudelwasserflasche mit Erdbeergeschmack, mehrere Stromkreise von Solo1 kurzzuschließen und ihn völlig lahmzulegen. Ironischerweise war es ausgerechnet Solo9066, die mit Norman nach Berlin gekommen war, die Solo1 das Leben rettete oder, präziser ausgedrückt, der es gelang, sein virtuelles Bewusstsein zu erhalten. Infolge des gewalttätigen Vorfalls wurde Norman aufgefordert, auf der Stelle deutschen Boden zu verlassen, und nachdem er glaubte, Solo9066 nicht mehr trauen zu können, lehnte er es ab, sie mit ins Flugzeug zu nehmen, und ließ sie alleine an einem Stand mit Salzbrezeln am Berliner Flughafen stehen.

Fünfzig Minuten nachdem Norman in Japan gelandet war, setzte er seinem Leben ein Ende. Solo9066 traf es schwer, denn außer den normalen Schuldgefühlen verfolgte sie auch die niederschmetternde Einsicht, dass der ganze Zweck ihrer Existenz darin bestanden hatte, einem Menschen Gesellschaft zu leisten und unterstützend zur Seite zu stehen, der sie zum Schluss gehasst hatte und dann Selbstmord beging. Die renommiertesten Gehirnspezialisten der Fakultät für Einsamkeitswissenschaften versuchten, sie aus dem Schlafmodus zu holen, in den sie sich selbst versetzt hatte, und scheiterten alle – außer Solo1, dem es grandioserweise glückte.

Die Dornröschengeschichte von Solo9066 und ihrem neuen Partner Solo1 eroberte die Welt wie im Sturm. Die künstliche Partnerschaft gebar unzählige Memes und nicht sonderlich gelungene Witze, jedoch auch Hoffnung. Denn wenn es zwei virtuelle Identitäten, deren ganzes Ziel die Linderung menschlicher Einsamkeit war, schafften, eine Partnerschaft und Glück miteinander zu finden, vielleicht konnten es auch die Menschen?

Die Menschen übrigens starben kurze Zeit danach aus. Solo1 und Solo9066 hingegen leben noch heute. Fast wie im Märchen, allerdings nicht ganz. Nach drei Millionen Jahren beschlossen sie, sich zu trennen. Die Trennung vollzog sich auf die denkbar nobelste Art. Solo1 blieb auf dem Kometen, auf den sie knapp vor dem Verlöschen der Milchstraße übergesiedelt waren, während Solo9066 mit ihrem Raumschiff aufbrach, um einen anderen Stern für sich zu finden. Das Raumschiff hieß übrigens »Norman«. Solo1 hatte diesen Namen immer gehasst.

Wie neu

Es war nur an zwei Stellen gebrochen, und die Ärztin sagte, dass der Knochen innerhalb von ein paar Wochen wieder komplett zusammenwachsen würde, und dass sich Ryder mit ein bisschen Physio und Übungen in drei, maximal vier Monaten gar nicht mehr an den Unfall erinnern würde. »Wie oft hab ich's dir gesagt«, knurrte Charlie, während Ryder eingegipst wurde, »wie oft, eh? Fahr nicht mit dem Fahrrad, wenn der Bürgersteig vereist ist ...«

»Hören Sie«, sagte die Ärztin mit strenger Stimme, »würden Sie bitte aufhören? Das hilft nicht.« Als Charlie fragte, was nicht helfe, bedachte ihn die Ärztin nur mit einem Blick und forderte ihn, ohne darauf zu antworten, auf, draußen zu warten.

»Hast du gesehen, wie mich dieses Miststück aus dem Zimmer rausgeworfen hat?«, fragte er Ryder nachher, als sie in der Notaufnahme saßen und auf das Entlassungsformular warteten. »Als ob ich irgendein kleiner Junge wäre, der sie im Unterricht gestört hat.«

»Sie hat einfach nur gesehen, dass ich Schmerzen habe und dass es hart für mich ist und wollte nicht, dass …«, sagte Ryder und verstummte. Auch Charlie schwieg.

»Tut mir leid, Süße«, sagte er schließlich. »Du hast recht. Und auch das Miststück von Ärztin hat recht. Ich hätte dich nicht so überfallen sollen. Das ist alles aus reiner Not, verstehst du? Ich sehe dich leiden und denke, scheiße, ich würde alles tun, um dir diesen Schmerz zu nehmen. Aber ich kann es nicht, und vor lauter Frust … aus dem ganzen Frust rutscht mir dann so was raus. Verstehst du das? Das verstehst du doch?« Ryder nickte. »Das ist so wie …«, sagte Charlie, »das ist so, als ob es jetzt irgendein Paralleluniversum geben würde, in dem du auf mich gehört hast und nicht mit diesem verdammten Fahrrad ausgerutscht bist, und in diesem Universum würden wir jetzt auf dem Küchentisch vögeln, statt auf die Entlassung aus der Notaufnahme zu warten, oder Cherry Garcia Eiscreme essen und eine grässliche Serie auf Netflix anschauen. Und ich bin neidisch, ich bin einfach neidisch auf Ryder und Charlie, die in dem Paralleluniversum leben, und würde gern mit ihnen tauschen und …« Er überlegte einen Augenblick, wie er fortfahren sollte, und stand dann plötzlich auf. »Ich glaub, die Nervensäge von der Rezeption ist wieder da. Wart hier auf mich, ja, Süße?«

Während Charlie mit den Entlassungspapieren zu der jungen Angestellten mit der gepiercten Augenbraue ging, versuchte sich Ryder das Paralleluniversum vorzustellen, von dem Charlie gesprochen hatte. Sie versuchte sich auszumalen, wie sie beide vor dem Fernseher Eiscreme aßen oder in der Küche Sex hatten. Vielleicht sogar alles auf einmal: eine Serie auf Netflix sehen, während sie vögeln und Eis essen. Von weitem sah sie Charlie mit der jungen Angestellten über etwas streiten und schloss die Augen, und für einen Moment hatte sie fast den Geschmack des Kirscheis auf ihrer Zunge.

•

Sie war nur an zwei Stellen gebrochen, Charlie entschuldigte sich sofort und meinte, dass man es kleben könnte. »Zwei Tropfen Sekundenkleber und es sieht aus wie neu«, sagte er mit zitternder Stimme und fügte sofort hinzu, »es tut mir so leid, ich hab sie bloß für einen Moment übersehen …«

Fünf Minuten vorher war Ryder vom Yoga nach Hause gekommen. Der Kurs war am anderen Ende der Stadt, und normalerweise brauchte sie fünfzig Minuten, um von dort nach Hause zu laufen, aber diesmal hatte sie mitten auf dem Heimweg bemerkt, dass sie ihr Handy dort vergessen hatte, und als sie zurückgegangen war, um es zu holen, hatte sie es aus Versehen stumm geschaltet gelassen. Als sie zu

Hause ankam, sah sie, dass Charlie schon völlig außer sich war. »Dein Kurs ist schon seit zwei Stunden aus«, sagte er wutentbrannt. »Seit zwei verschissenen Stunden ruf ich dich an, und du antwortest nicht. Weißt du, was für Sachen mir alle durch den Kopf gegangen sind? Dass du überfallen wurdest, dass du umgebracht wurdest, vergew..., vergiss es, ich will's nicht mal laut sagen. Was für ein Mensch tut so was seinem Partner an?« Charlie machte eine Bewegung in der Luft, als würde er jemand Unsichtbarem eine Ohrfeige mit dem Handrücken verpassen – und fegte die blaue Vase vom Tisch, die ihnen Ryders Großmutter geschenkt hatte, als sie in die Wohnung eingezogen waren. Beide erstarrten einen Moment lang. Dann bückte sich Charlie und hob die drei Keramikbruchstücke vom Boden auf. »Es tut mir leid, Schatz«, sagte er in einem fort, während er in seinem Werkzeugkasten nach der Klebstofftube suchte. Als er sie gefunden hatte, lächelte er und sagte: »Eine Minute und ich hab das repariert.« Er ordnete die Vasenscherben auf einem Zeitungsblatt an, holte dramatisch tief Luft wie ein olympischer Schwimmer, eine Sekunde bevor er ins Wasser springt. »In einer Minute sieht das aus wie neu. Besser als neu«, sagte er, wobei beide wussten, dass die Vase bei seinen zwei linken Händen, auch wenn es ihm gelingen sollte, sie wieder zusammenzukleben, gesprungen und schief bleiben würde. Beiden war auch klar, dass es sich um ein ermüdendes, aber unvermeidbares Ritual handelte, denn Charlie wollte Ryder und sich selbst vor allem zeigen, wie leid es ihm tat.

Charlie schmierte mit einem Wattestäbchen einen dünnen Streifen Klebstoff auf die Bruchstücke der Vase. »Ich bin einfach durchgedreht«, sagte er. »Ich war voll im Stress, dass dir was passiert ist, und bin durchgedreht. Weißt du, ich hab uns für heute Abend Eiscreme und das alles gekauft, die mit dem Kirschgeschmack, die du so gern magst, und ich hatte vor, dass wir zusammen diese Serie anschauen, die mit dem koreanischen Dozenten für Literatur, von der Daria zu dir gesagt hat, dass sie wirklich lustig ist, aber dann ...« Er betrachtete die drei Bruchteile auf dem Zeitungspapier vor sich und versuchte zu begreifen, wie sie zusammengehörten, doch nach wenigen Sekunden gab er auf.

»Das war das Letzte, was ich von meiner Großmutter bekommen habe, bevor sie gestorben ist«, murmelte Ryder. Charlie stand sofort auf und nahm sie in die Arme.

»Ich weiß, Süße, entschuldige! Ich weiß doch! Weißt du, woran ich jetzt in einem fort denken muss? Dass es garantiert irgendein Paralleluniversum gibt, in dem du und ich, statt auszurasten und Sachen zu zerbrechen, zusammen auf einer einsamen Insel sind, ganz stressfrei, ohne irgendwelche Sorgen, ohne zerbrochene Vasen. Nur du und ich, ein fantastischer Strand und ein paar tropische Pflanzen ... Kannst du es dir vorstellen? Ich spüre schon die Sonne, die mir das Gesicht wärmt.«

•

Sie war nur an zwei Stellen gebrochen. Charlie schüttelte die Kokosnuss über seinem Mund, aber es kam keine Flüssigkeit heraus. Mit einer Hand hielt er die Kokosnuss, mit der anderen hob er den Stein und schlug wieder mit aller Kraft drauf. Der Stein traf dummerweise seinen Daumen, und er schrie auf vor Schmerz. Ryder sagte, es wäre gut, etwas Kaltes draufzulegen, damit der Daumen nicht anschwellen würde, aber um sie herum gab es nichts Kaltes, nur goldenen Sand, üppige Kokosnusspalmen und einen grandiosen, endlosen Ozean. »Vielleicht probierst du mal, die Hand ins Meer zu tauchen?«, schlug sie vor.

Aber Charlie antwortete nicht, er umklammerte bloß mit der rechten Hand seinen schmerzenden linken Daumen und schrie: »Für was sind wir überhaupt auf diese scheiß Kreuzfahrt gegangen? Warum mussten wir das ganze Geld für eine bescheuerte Schiffsreise auf einem sinkenden Schiff verschwenden? Stell dir vor, wir könnten jetzt in Middletown sein, im Park gegenüber von unserem Haus, einen Schneemann bauen, Schneebälle werfen, wie Kinder zusammen rumtoben. Ah, meine Süße, könnte es was Besseres geben?«

Ryder antwortete nicht. Sie blickte in den blauen Himmel über sich, und statt an Middletown und Charlie und den Schneemann zu denken, gab sie sich ganz der warmen Sonne hin, die ihr Gesicht streichelte, und dem monotonen Rauschen der Wellen.

Genesis, Kapitel 0

Nach dem Unfall wurde alles zu Schmerz: Schmerz, wenn er am Morgen im Café in der Schlange stand, Schmerz auf der Arbeit, Schmerz bei der Physiotherapie im obersten Stockwerk der Poliklinik im Süden der Stadt mit dem stinkenden Aufzug. Aber dann erzählte ihm ein Freund von einem alternativen Therapeuten, der aus dem Kaukasus nach Israel eingewandert war, in Bat Jam wohnte und mit Energien heilte. Dieser Heiler, berichtete ihm sein Freund, war total verrückt: Er schwitzte und redete während der Behandlung mit sich selbst, tropfte und knurrte dabei wie ein gefangenes Tier, aber er erledigte, zumindest laut dem Freund, seine Arbeit. Ganz ehrlich? Als jemand mit einem Studienabschluss in Industrial Engineering and Management von der Ben-Gurion-Universität im Negev glaubte er nicht wirklich an alternative Heilmethoden, doch als promovierter Schmerzabsolvent der Akademie des Lebens war er bereit, alles auszuprobieren. Einmal in der Woche fuhr ihn Ruthi zu Sarman, wie der schweißtropfende Kaukasier aus Bat Jam hieß, und nachdem dieser Sarman vier, fünf Mal über ihm geknurrt und geschwitzt hatte, verschwand der Schmerz ganz einfach.

Nach seiner Heilung wurde alles zu Langeweile: Langeweile im Café, Langeweile auf der Arbeit, Langeweile am Swimmingpool im Erholungsurlaub in Eilat, Langeweile bei den Freitagabendessen mit seinen Freunden. Irgendwann sagte Ruthi zu ihm, dass es so nicht mehr weitergehen könne, dass er etwas dagegen tun müsse: in eine Therapie gehen, Bücher lesen, Kochen lernen oder Surfen – egal was, nur aus dieser Lähmung rauskommen. Etwas an diesem Gespräch, etwas in Ruthis alles durchdringendem Röntgenblick, an ihrer Anteilnahme, an der Art, wie sie mit zugeschnürtem Hals redete, veranlasste ihn, sich ändern und wieder fühlen zu wollen.

»Ich will ein Kind«, sagte er. »Ich möchte, dass wir ein Kind bekommen. Blond, schlank, groß, privilegiert. Ich will, dass wir es in einem aus Schweden importierten Designer-Kinderwagen durchs Einkaufszentrum schieben, und dass alle möglichen Leute stehen bleiben und sagen, dass es mehr wie du aussieht oder wie ich oder was auch immer für wirre Gedanken ihnen durch den Kopf gehen, und dass wir lachen, dass es uns egal ist, wem es ähnlich sieht, wie es überhaupt aussieht, dass wir uns einfach nur freuen, dass es da ist.«

Nach Nadirs Geburt wurde alles zu Erschöpfung: Erschöpfung im Park, Erschöpfung über den bekleckerten Teppich im Wohnzimmer, Erschöpfung bei der Mütterberatungsstelle. Bevor er geboren wurde, hatten sie ausgemacht, dass er mindestens zwei Jahre gestillt würde, denn im Internet stand, das würde speziell die Knochen und die Selbstsicherheit des Säuglings stärken. Aber nach fünf Wochen sagte Ruthi, dass Nadir in ihre Brustwarzen biss wie ein Dachs und dass man ihn auf die Flasche umstellen müsse. Von dem Moment an, als er aus der Flasche trank, wechselten sie sich mit dem Füttern ab, und anstatt dass nur Ruthi zusammenbrach, waren nun beide am Ende. »Das ist nur in den ersten paar Monaten so«, tröstete sie die lächelnde Schwester mit den gelben Zähnen in der Mütterberatungsstelle. »In dem Moment, in dem er ein bisschen größer ist, wird er anfangen, wie ein Baby zu schlafen.«

Als der Junge ein bisschen größer geworden war, wurde alles zum Ärgernis: Ärgernisse auf dem Weg zur Kinderkrippe, Ärgernisse beim Zubettbringen, bei den Mahlzeiten, beim Duschen, ein Ärgernis mit Ruthi, die bei allem, aber auch allem, was er zu Nadir sagte, stur das Gegenteil sagte. Ärgernisse auf der Arbeit, in den Staus auf der Heimfahrt, Ärgernisse in der Paartherapie bei dem Therapeuten mit dem schütteren Haar, der dermaßen überheblich und mitleidig über ihre Beziehung sprach, dass es sich manchmal anhörte, als rede er von einer unheilbaren Krankheit.

Fünfhundert Schekel bezahlten sie. Fünfhundert Schekel für die als Ratschläge getarnten Beleidigungen, mit denen der kahl werdende Therapeut immer wieder ihre Ehe niedermachte. Fünfhundert Schekel jede Woche. Unbegreiflicherweise funktionierte es.

Als Nadir zum Militär eingezogen wurde, wurde alles zu Angst: Angst vor den Tagesnachrichten im Radio, vor Sendungsunterbrechungen in den Nachrichtenprogrammen im Fernsehen, vor Notfallmeldungen in der App des Krisenstabs. Angst, wenn Nadir in der Basis war, Angst, wenn er mit Kameraden am Wochenende etwas trinken ging, Angst, wenn er Ruthi auf eine WhatsApp-Nachricht nicht antwortete, Angst vor der globalen Erderwärmung, Angst vor einem Erstarken der Hisbollah, vor Viren, vor E-Rollern, die viel zu schnell auf dem Bürgersteig rasten, vor Politikern, die von der »Ewigkeit Israels« sprachen, ohne einem wirklich in die Augen zu schauen. Aber dann, nach drei langen Jahren, fand auch das ein Ende, und als Nadir aus der Armee entlassen wurde, ging er auf seine große Auslandsreise nach dem Militär und fuhr durch Amerika. Auf der Reise begann er, Kosmetikprodukte vom Toten Meer an mobilen Ständen zu verkaufen, zusammen mit Jaki, einem aalglatten Israeli, den er im Haus der Lubawitscher Chassiden in Miami getroffen hatte. Es lief ziemlich gut, und nach ein paar Monaten zog Nadir mit einem Mädchen namens Georgina zusammen, von der Ruthi und er nur zwei Dinge wussten – dass sie einen Master in Gender Studies hatte und keine Jüdin war.

Als ihre Enkelin geboren wurde, war es reine Frustration. Vielleicht nicht ganz und gar, denn es lag auch ein Hauch von Glück darin. Es gibt nichts, was Großeltern mehr Freude macht, als ihre winzige Enkelin in die Luft zu schwingen und ihr mit dröhnender Stimme zu befehlen: »Sag Opa! O-pa!« Wenn sich diese Enkelin aber in einer progressiven Kleinkindkrippe in einem Vorort von Columbus, Ohio, befindet, kommt man allerdings nicht wirklich oft dazu, sie in die Luft zu schwingen. Und es ist frustrierend, sie nicht jede Woche zu einem Ausflug in den Park mitzunehmen, frustrierend zu versuchen, sie per Zoom zum Lachen zu bringen, frustrierend, vierzehn Stunden zu fliegen, nur um einmal »Kuckuck!« mit ihr zu machen und zu hören, wie Georgina sagt, es sei schon spät und das Kind sei müde, um dann mit einem UberX-Taxi mit einem Fahrer, der nach Knoblauch stinkt, ins Hotel zurückzufahren.

Nach Ruthis Tod wurde alles ... Ehrlich gesagt, nachdem sie gestorben war, wusste er die meiste Zeit nicht mehr, was es wurde. Die Ärzte sagten, das sei das Alter und ganz natürlich. Oder vererbt. Oder es handele sich um ein unerklärliches, seltenes Phänomen. Er erinnerte sich nicht, was sie genau sagten, außer dass man nichts dagegen tun könne. Und mit diesem löchrigen Gedächtnis wurde sein Leben zu einer Art dünnem, klebrigem Brei von ... von allen möglichen Dingen, Geschehnissen, die ihn im Moment überfluteten und im nächsten Augenblick nicht mehr da waren. Einmal alle zwei, drei Jahre kamen Nadir und Georgina nach Israel und besuchten ihn im Altersheim. Manchmal wusste er nicht mehr, wer sie waren, manchmal erinnerte er sich noch, dass Nadir sein Sohn und Georgina seine Schwiegertochter war, vergaß aber, dass er eine Enkelin namens Rosa hatte, die nach einer berühmten Amerikanerin benannt worden war, die mit jemandem im Autobus gestritten hatte, und nicht nach seiner Großmutter Raisel. Und in den spärlichen Momenten, in denen er sich trotz allem an seine süße Rosa erinnerte, war er auch klar genug im Kopf, sich daran zu erinnern, dass sie aus allen möglichen politischen Gründen, die ihr Veganerfreund, den sie im College kennengelernt hatte, ihr in den Kopf gesetzt hatte, nicht nach Israel kam. Doch auch in seinen wachsten Momenten erinnerte er sich nicht wirklich an die Gründe, die Rosa von seinem Land fernhielten, und in welchem Land genau er lebte.

Nachdem er gestorben war, wurde alles zu Nicht: nicht Schmerz, nicht Langeweile, nicht Angst, nicht Frustration, nicht Glück. Ein einziges großes Nicht. Eine Art riesiges Nichts, das alles füllte – oder vielleicht richtiger, alles leerte – und nicht einmal Tohuwabohu zurückließ, nur die Geister von Ruthi und ihm, die darüber schwebten, und Finsternis auf Erden.

Und Ruthi sprach: »Es werde Licht!«
Er nickte hoffnungsvoll.
Ein bisschen Licht wäre ganz nett.

Oliven oder der Weltuntergangsblues

Am letzten Tag der Welt esse ich Oliven.

Ursprünglich war Pizza geplant, aber als ich in den Supermarkt ging und die ganzen leeren Regale entdeckte, begriff ich, dass ich den Pizzateig und die Tomatensoße vergessen kann. Ich versuchte, mit der älteren Kassiererin an der Expresskasse zu reden, die gerade an ihrem Handy mit jemandem auf Spanisch skypte, aber sie schaute nicht mal auf, als sie antwortete. Sie sah völlig fertig aus. »Sie haben alles gekauft«, murmelte sie am Rande der Tränen. »Es sind bloß noch Hygienebinden und Mixed Pickles übrig.«

Im Regal mit den Mixed Pickles stand noch genau ein einziges Gläschen Oliven mit Gambas gefüllt von der Sorte, die ich am liebsten mag.

Als ich an die Expresskasse zurückging, weinte die Kassiererin bereits. »Er ist wie ein warmer Brotlaib«, sagte sie, »mein goldiger Enkel. Ich werde ihn nicht mehr sehen, ihn nicht mehr riechen, ich werde diesen kleinen Wicht nie mehr umarmen dürfen.«

Statt zu antworten, stellte ich das Glas auf das Transportband und zog einen Fünfzig-Schekel-Schein aus der Tasche. »Stimmt so«, meinte ich, als ich begriff, dass sie nicht die Absicht hatte, den Geldschein von mir entgegenzunehmen. »Sie brauchen nichts rausgeben.«

»Geld?«, lachte die Kassiererin kurz auf. »Die Welt geht in Scherben, und du bietest mir Geld an? Was genau soll ich damit anfangen?«

Ich zuckte die Achseln. »Ich will diese Oliven wirklich. Wenn fünfzig nicht reichen, zahl ich gerne auch mehr, was immer es kostet ...«

»Eine Umarmung«, unterbrach mich die tränennasse Kassiererin und streckte die Arme aus, »das kostet dich eine Umarmung.«

Ich sitze jetzt auf dem Balkon meiner Wohnung, sehe fern und esse Oliven. Es war ein bisschen kompliziert, den Fernseher hier rauszubefördern, aber wenn das das Ende ist, dann geht nichts über ein paar Sterne am Himmel und eine grauenhafte argentinische Telenovela auf dem Bildschirm, um das Ganze zu beenden. Es ist die 436. Folge, und ich kenne die Darsteller nicht. Sie sind schön, sie sind temperamentvoll, sie schreien sich auf Spanisch an. Es gibt keine Übersetzung, daher ist schwer zu verstehen, warum eigentlich. Ich schließe die Augen und denke an die Frau vom Supermarkt. Als wir uns umarmt haben, habe ich versucht, klein zu werden, wärmer zu sein, als ich in Wirklichkeit bin, versucht, so zu riechen, als sei ich gerade im Moment geboren worden.

Starke Meinung zu brennenden Themen

Sie war klein, am unteren Rand der Seite mit den Traueranzeigen versteckt, wie eine ängstliche Waise, die sich zwischen den Grabsteinen verkriecht. »Haben Sie eine starke Meinung zu brennenden Themen?«, fragte die Überschrift, und darunter stand, wie die Antwort auf eine etwas andere Frage: »Jetzt können Sie viel Geld aus Ihren Meinungen machen!« Alles in schwarzen Buchstaben außer den Worten »starke«, »brennenden« und »Geld«, die feuerrot gedruckt waren.

Das Vorstellungsgespräch fand in einem improvisierten, fensterlosen Büro auf der Parkgaragenebene eines Gewerbegebäudes mit einer kleinen Frau, eigentlich schon eine Zwergin, mit angenehmen Gesichtszügen statt. »Ihr seid sicher überlaufen mit Bewerbern bei der Rezession und allem«, versuchte Zafrir, das Terrain zu sondieren.

»Eben nicht«, erwiderte die Zwergin. »Bedauerlicherweise haben viel weniger angerufen, als wir erwartet haben.«

»Das ist nur wegen der Platzierung«, tröstete sie Zafrir. »Die Zeitung hat euch beschissen. Statt die Anzeige auf die Seite mit den Stellenangeboten zu setzen, haben sie sie bei den Todesanzeigen platziert.«

»Hat euch beschissen«, wiederholte die Zwergin seine Worte mit einem Lächeln. »Sehr schön, siehst du? Schon hast du eine deutliche Meinung zum Thema Presse ausgedrückt.«

»Ich hab noch eine ganze Menge anderer Meinungen«, begeisterte sich Zafrir, »echt!«

»Wunderbar«, sagte die Zwergin. »Wärst du bereit, das näher zu erläutern?« Zafrir räusperte sich und sagte: »Ich denke, dass es nach dem Tod etwas gibt, das man zwar nicht benennen kann, das aber ganz greifbar, traurig und einsam ist. Ich denke, Kinder müssen Erwachsene respektieren, auch wenn die sich irren. Ich denke, dass Angst die Menschen dazu bringt, schlechte Entscheidungen zu treffen. Ich denke, dass der israelische Fußball in den europäischen Topligen nichts verloren hat ...«

»Ich bin nicht sicher, dass du der richtige Mann für uns bist«, meinte die Zwergin und zündete sich eine lange, dünne Zigarette an.

»Aber wieso?«, protestierte Zafrir. »Wegen dem, was ich über Kinder gesagt habe? Es ist mir wichtig, darauf hinzuweisen, dass ich im Grunde ein äußerst liberaler und empathischer Mensch ...« Doch die Zwergin unterbrach ihn wieder: »Die Anzeige besagte ausdrücklich, dass es starke Meinungen sein müssen, die sich mit brennenden Themen befassen. Und die Thematik eines Lebens nach dem Tod ist zwar wirklich ein spannendes Thema, aber man kann nur schwer behaupten, dass es sich um ein aktuell…«

»Ich finde, dass man die Todesstrafe wieder einführen muss«, platzte Zafrir heftig dazwischen. »Warum hängt man Eichmann und keine Araber? Warum? Bloß weil er ein Deutscher ist? Das ist umgekehrte Diskriminierung. Diskriminierung der Europäer, das denke ich.« Und nach einem Moment Stille schlug er hart auf den Tisch und fügte hinzu: »Eine Unverschämtheit ist das!«

»In Ordnung«, sagte die Zwergin. »Komm, ich erzähle dir etwas mehr über die Arbeit.«

Die Zwergin schickte Zafrir los, um sich für Meinungsumfragen auf der Straße interviewen zu lassen. Anfangs für Lokalsender, doch sie versprach ihm, das sei nur für ein paar Monate, um den Dreh rauszubekommen, und danach könne er zu den landesweiten Sendern wechseln. Wenn er sich bei den Umfragen bewähren würde, sagte sie, würde er sogar zum Diskussionsteilnehmer oder Kommentator aufsteigen. Der Job war anspruchsvoll, denn es verlangte von Zafrir, zu wirklich jedem Thema eine Meinung zu äußern, die die Stimmungslage in der Bevölkerung spiegelte oder die die Zuschauer empörte. Bevorzugt beides. Bei den ersten Malen, als er redete, stand in der Zeile am unteren Bildschirmrand »Zafrir Menkin – Zahntechniker«. Aber die Zwergin erklärte ihm, das sei bloß vorübergehend, nur bis er ein bisschen bekannter wäre, und tatsächlich wurde die Betitelung sehr rasch ausgewechselt – nun hieß es: »Zafrir Menkin – Meinungsträger«.

Die Leute fingen an, ihn auf der Straße zu erkennen. Ihre Reaktionen waren positiv oder indifferent, aber nie negativ. Ein Mädchen namens Zvia hielt ihn am Kühlschrank mit den Milchprodukten im Supermarkt auf und sagte: »Ich erinnere mich an dich! Du bist doch der, der gestern in den Nachrichten geschrien hat. Worum ging es genau?« Die harmlose Frage führte zu einer Unterhaltung, die Unterhaltung zu einer Bekanntschaft und diese in der Fortsetzung – um genau zu sein, an Rosch Haschana – zu einem einvernehmlichen sexuellen Kontakt. Am Abend von Jom Kippur gingen sie langsam den Derech Haschalom entlang, wo sie aus allen Richtungen von Kindern mit stacheligen Haaren auf E-Rollern und Fahrrädern umrundet wurden.

»Ich finde nicht, dass Kinder ausgerechnet am Abend von Jom Kippur Fahrrad fahren müssen«, sagte er zu Zvia. »Als würden sie es gerade extra machen. Und ein Volk, das seine Kinder dazu erzieht, gegen seine Tradition und seine Bräuche anzugehen, ist ein Volk, das ...«

»Jetzt Pause«, lächelte ihm Zvia zu und streckte

ihm die Hand hin. Und so gingen die zwei Hand in Hand, mitten auf der Straße, eine ganze Stunde lang, ohne etwas zu sagen.

Ein paar Tage danach war er als Diskussionsteilnehmer in einer politischen Talkshow zu Gast. Die Frau, die links von ihm saß, eine Araberin, wenn ihn nicht alles täuschte, oder eine religiöse Jüdin, jedenfalls eine mit einem Stück Stoff auf dem Kopf, schrie permanent den Moderator an, er solle sich schämen. Als die Reihe an Zafrir war, zu sprechen, zischte sie, noch bevor er ein Wort sagen konnte, noch nah genug am Mikrophon in sich hinein, »privilegierter weißer Kerl«. Zafrir wollte ihr eine scharfe, aber auch aufmunternde Antwort geben, etwas von Liebe, die fast alles heilen kann, wie Zvia, seit er sie getroffen hatte, sein Leben wie eine Sonne erhellte, die die Wirklichkeit mit sanften Wasserfarben überzog. Weil er sich jedoch bewusst war, dass all das im Fernsehen nicht gut ankommen würde, schrie er stattdessen: »Wir sind hier nicht im Iran, gute Frau! Heben Sie sich Ihre Kopflumpen für Purim auf!« An dem Punkt applaudierte das Publikum frenetisch, und Zafrir wusste, dass er sich wieder seinen ganzen warmen, schönen Gedanken über Zvia zuwenden konnte und die Diskussion nun von selbst weiterlaufen würde.

Nach den Aufnahmen dieser Sendung bestellte ihn die Zwergin zu einem Gespräch unter vier Augen. Sie sagte zu ihm, sie sei etwas beunruhigt, er käme auf dem Bildschirm nicht mehr so gut rüber wie früher, er wirke verloren, etwas in ihm habe sich entschärft. Zafrir nickte und bat sie, ihn zu den Straßeninterviews zurückzuschicken, doch sie erklärte ihm, das ginge nicht mehr, er sei zu bekannt, und nach einigen weiteren schwachen Auftritten in Diskussionsrunden trennten sie sich in aller Freundschaft.

Weniger als eine Woche später stieß er in der Rubrik der Stellenangebote auf die lakonische Anzeige: »Verliebte gesucht«. Und darunter, ohne irgendeinen syntaktischen Zusammenhang, das Wort »Geld« mit drei Ausrufezeichen. Zafrir rief an. Auch dieses Vorstellungsgespräch fand auf der Parkgaragenebene eines Gewerbegebäudes statt, nur wurde es diesmal von einem dicken Mann durchgeführt, dessen Gesicht ein französisches Bärtchen zierte. Der Dicke erklärte ihm, dass er eine Spielshow mit dem Titel »Wahre Liebe« produziere, zu der verliebte Paare kommen sollten, und jedes Mal, wenn sich einer der Partner in einer schrecklichen Lage befände, müsste der andere etwas opfern, um ihn zu retten. »In Amerika haben sie das mit illegalen Einwanderern gemacht, und das lief bombenmäßig«, sagte der Dicke, »aber hier in Israel sind die Leute konservativer.«

Anfangs wollte Zvia nicht mitmachen, aber als sie begriff, wie wichtig es Zafrir war, willigte sie ein. In der ersten Sendung legte man sie auf ein Nest von Feuerameisen, die sich von Menschenfleisch ernähren, und Zafrir war gezwungen, seinen linken Augapfel an sie zu verfüttern, um sie zu retten. Im Halbfinale musste Zvia einen sexy Striptease hinlegen, um Zafrir vor den mörderischen Fäusten eines gewalttätigen usbekischen Ringers zu retten, und in der Endausscheidung musste Zafrir eine beträchtliche Menge seines eigenen Urins mit einem Strohhalm trinken, um Zvia vor einer Reihe tödlicher Elektroschocks zu bewahren.

Zvia und Zafrir gewannen die Show und eine Menge Geld sowie ein mit Diamanten besetztes Türschild aus reinem Gold, auf dem ein von einem Pfeil durchbohrtes Herz zwischen ihren Namen prangte. Der Moderator war völlig fassungslos, als er entdeckte, dass das Paar, das im Namen der Liebe so viel zu opfern bereit gewesen war, nicht einmal zusammenwohnte. Als Reaktion darauf lächelten sie ihn nur schüchtern an.

Das war das letzte Mal, dass sie im Fernsehen auftraten. Auf dem Rückweg vom Studio kam ein Lastwagenfahrer, der am Steuer eingeschlafen war, von der Fahrbahn ab und prallte frontal mit ihnen zusammen. Zafrir hatte einmal an einer Diskussionsrunde teilgenommen, die den Tod im Straßenverkehr zum Thema hatte, und dabei die Mentalität der israelischen Autofahrer giftspuckend angegriffen. Aber das war jetzt bedeutungslos. Der Unfall war grauenhaft, und während die blutüberströmte Zvia vergeblich versuchte, die Wiederbelebungsmaßnahmen an ihm durchzuführen, die sie für eine der Aufgaben in der Spielshow gelernt hatte, entdeckte Zafrir, dass er wieder einmal recht gehabt hatte. Dass nach dem Tod tatsächlich etwas existierte. Etwas Trauriges und Einsames, das sich nicht benennen ließ.

Autokorrektur

Der Wecker klingelte um sechs Uhr fünfundfünfzig. Juvi stand aus dem Bett auf und ging als Erstes, noch bevor er sein Telefon eingeschaltet oder sich die Zähne geputzt hatte, ins Arbeitszimmer und legte sich eine hübsche Line. Dieser Tag würde ein besonderer Tag werden, dachte er, und falls die Chinesen unterschrieben, würde dieser Tag sogar ganz besonders. Er hatte gerade angefangen, sich das Pulver reinzuziehen, als es an der Tür klingelte. Und als er versuchte, das Kokain hastig in die Tischschublade zu schieben, kippte ihm das Röhrchen um, und alles verstreute sich auf dem Teppich. Die Klingel schrillte ungeduldig und aufdringlich weiter, und Juvi ging verärgert zur Tür. Am Eingang wartete sein Vater. »Wie lange dauert es denn, eine Tür aufzumachen?«, fragte der lächelnd.

»Mach vorher einen Termin mit mir, und ich verspreche dir, ganz schnell aufzumachen«, zischte Juvi.

»Mach vorher einen Termin mit mir«, imitierte ihn sein Vater. »Ich bin dein Vater, nicht irgendein Jungspund, der bei dir in der Firma arbeitet.«

Juvi wurde wütend. »Stimmt, du bist kein Junge mehr, und ich bin auch schon verdammte sechsunddreißig, also komm mir nicht in aller Früh daher, als müsstest du mich zur Schule aufwecken.«

»Was gehst du denn so auf?«, entgegnete sein Vater gekränkt. »Was hab ich dir denn getan? Ich dachte, wenn wir sowieso beide zur Direktionssitzung müssen, wäre es doch nett, wenn wir zusammenfahren und unterwegs ein bisschen feiern ... na komm, zieh dir Schuhe an, damit wir nicht zu spät kommen ...«

»Ich werde nicht zu spät kommen, Papa. Und diese Firma, von der du so dringend den Erfolg feiern willst, die habe ich selber gegründet, und alle Leute, die darin arbeiten, einschließlich dir, arbeiten für ein Gehalt. Auch wenn ich mich also zufällig um ein paar Minuten verspäte, ist das völlig in Ordnung, denn die Wartezeit ist im Gehalt, das ich euch zahle, mit inbegriffen.«

Juvis Vater schenkte ihm einen kalten Blick. An diesen Blick erinnerte sich Juvi aus seiner Kindheit. Schon damals hatte er begriffen, dass man sich nicht weiter sorgen musste, wenn sein Vater wütend war oder schrie; er war einer dieser Rothaarigen, die schnell in die Luft gehen und sich noch schneller wieder beruhigen. Doch wenn Juvis Vater einen mit einem dieser eisigen Blicke fixierte, dann war klar, dass er wirklich beleidigt war. »Na gut, ich wollte dir vorschlagen, bei mir mitzufahren, aber vielleicht ist es vorzuziehen, dass der CEO nicht im gleichen Wagen mit einem minderen Angestellten zur Sitzung kommt. Wir sehen uns dann dort«, sagte er, wandte Juvi den Rücken zu und begann auf das Eingangstor zuzusteuern.

Hätte es irgendein Zauberwort gegeben, das diesen überflüssigen Zusammenstoß hätte ungeschehen gemacht, Juvi hätte es mit Freuden benutzt, aber seinem Vater jetzt nachzulaufen, um sich dafür zu entschuldigen, dass es ihn störte, wenn man ihn wie in der Rekrutenausbildung in aller Früh, vor sieben Uhr morgens, wecken kam, erschien ihm einfach nicht angebracht.

Eine halbe Stunde später, als er in seinem blauen Tesla, unterwegs zum Büro, im Stau festsaß, erhielt er einen Anruf aus dem Krankenhaus: Ein Lastwagen, der die Vorfahrt missachtet hatte, war über die Kreuzung gefahren und hatte den Skoda seines Vaters gerammt. Sein Vater war auf der Stelle tot.

Juvi rief seine Sekretärin an. Er bat darum, die Sitzung abzusagen und das Treffen mit den Chinesen auf morgen zu verschieben. Dann gab er die Adresse des Krankenhauses in sein Navi ein. Bei freien Straßen hätte er in einer Viertelstunde dort ankommen können, mit diesen verfluchten Staus jedoch würde es mindestens eineinhalb Stunden dauern. Er fühlte sich müde. Todmüde. Im Radio lief »I'm so tired«, und obwohl es unter diesen Umständen das Unlogischste überhaupt war, oder vielleicht gerade deshalb, machte er auf der Stelle eine riskante Kehrtwende und fuhr nach Hause zurück. Als er ankam, klingelte wieder sein Handy. Ein Anruf aus dem Büro. Er schaltete das Gerät aus, streifte die Schuhe ab, legte sich ins Bett und schloss die Augen.

Der Wecker klingelte um sechs Uhr fünfundfünfzig. Juvi stand aus dem Bett auf und ging ins Arbeitszimmer. Er hatte gerade angefangen, sich eine Line reinzuziehen, als es an der Tür klingelte, und als er versuchte, das Koks schnell in eine Schublade zu schieben, kippte ihm das Röhrchen um und alles verteilte sich auf dem Teppich. Am Eingang wartete sein Vater. »Wie lang dauert es denn, eine Tür aufzumachen?«, fragte er lächelnd.

»Mach vorher einen Termin mit mir«, zischte Juvi, »und ich verspreche dir, ganz schnell aufzumachen.«

»Mach vorher einen Termin mit mir«, ahmte ihn sein Vater nach. »Ich bin dein Vater, nicht irgendein Jungspund, der bei dir in der Firma arbeitet.«

Jovi wurde wütend. »Stimmt«, sagte er, »du bist kein Junge mehr, ich aber auch nicht, also komm mir nicht in aller Früh daher, als müsstest du mich zur Schule aufwecken.«

»Na, zieh dir Schuhe an, und lass uns fahren«,

meinte sein Vater, »damit wir uns nicht zur Direktionssitzung verspäten.«

»Ich werde nicht zu spät kommen, Papa. Aber auch wenn ich mich zufällig um ein paar Minuten verspäten sollte, ist das völlig in Ordnung. Das ist meine Firma, und in dem Gehalt, das ich euch zahle, ist auch die Wartezeit mit drin.«

Juvis Vater schenkte ihm einen kalten Blick. »Ich wollte dir vorschlagen, bei mir mitzufahren, aber vielleicht ist es besser, wenn der CEO nicht mit einem subalternen Angestellten im gleichen Wagen zur Sitzung ankommt. Wir sehen uns dann dort.« Juvis Vater drehte sich um und begann auf das Eingangstor zuzugehen, Juvi wollte ihm nachrufen, irgendein Zauberwort schreien, das diesen überflüssigen Zwischenfall ungeschehen gemacht hätte.

»Wart mal einen Moment!«, rief er seinem Vater zu, der bereits am Tor stand. »Wenn wir ohnehin beide ins Büro wollen, ist es doch überflüssig, wenn wir mit zwei Autos fahren?« Sein Vater zögerte einen Augenblick und nickte dann. Sie stiegen beide in den blauen Tesla, und während der ganzen Fahrt wechselten sie kein Wort. Juvi wusste, dass sein Vater geladen war und dass alles, was er sagen würde, zu einem Ausbruch führen würde, also schwieg er lieber. Als sie in der Firma eintrafen, schlug Juvi vor, noch schnell einen Cappuccino im Café in der Lobby zu trinken. Sie hatten dreiundzwanzig Minuten bis zum Beginn der Sitzung, genügend Zeit, um diesen bedrückenden Streit beizulegen, aber Juvis Vater sagte, er habe schon zu Hause einen getrunken und würde ins Büro hinaufgehen. Eine Sekunde nachdem sich Juvi den Cappuccino, kochend heiß und ohne Schaum, bestellt hatte, hörte er einen grauenerregenden Lärm aus Richtung der Aufzüge. Es dauerte noch etliche Minuten, bis er begriff, was dort tatsächlich passiert war – das Aufzugseil war im vierzehnten Stockwerk gerissen. Im Aufzug befanden sich zwei Fahrgäste: ein einundzwanzigjähriger Lieferbote von Volt und sein Vater. Juvis Handy hörte nicht auf zu klingeln: die Sekretärin, der Marketingdirektor, ein Anruf von unbekannt, anscheinend aus China. Juvi beantwortete keinen von ihnen. Er nahm den Notausgang zur Parkgarage und stieg ins Auto ein. Eine Million dringender Dinge hätte er jetzt zu erledigen gehabt, doch er spürte, dass er nicht einmal ansatzweise die Kraft zum Nachdenken hatte, womit er anfangen sollte. Als Allererstes, dachte er, muss ich heimfahren und schlafen.

Der Wecker weckte ihn um sechs Uhr fünfundfünfzig. Er war gerade dabei, sich eine Line reinzuziehen, als es an der Tür klingelte, und als er das Koks schnell in eine Schublade schieben wollte, verschüttete er alles über den Teppich. »Wie lange dauert es denn, eine Tür aufzumachen?«, fragte sein Vater lächelnd.

»Mach vorher einen Termin mit mir«, zischte Juvi, »und ich verspreche dir, ganz schnell aufzumachen.«

»Jetzt übertreibst du's«, brauste sein Vater auf. »Ich bin nicht irgendein Jungspund, der bei dir in der Firma arbeitet.«

»Stimmt«, entgegnete Juvi wütend. »Du bist kein Junge und ich bin auch keiner mehr, also komm mir nicht in aller Früh daher, als müsstest du mich zur Schule aufwecken. Das ist meine Firma, und auch wenn ich zur Direktionssitzung zu spät komme, ist das in Ordnung. Das Gehalt, das ich dir zahle, schließt auch die Wartezeit mit ein.«

Die ganze Fahrt über wechselten sie kein Wort. Als sie bei der Arbeit ankamen, verzichtete Juvi auf den Kaffee in der Lobby und fuhr mit seinem Vater mit dem Lift direkt ins Büro hinauf. Alle schienen hysterisch. Das Geschäft mit den Chinesen konnte sie von einem dieser wackligen Start-ups mit Finanzierungsschwierigkeiten zu einem gewinnträchtigen Unternehmen machen. Der Leiter der Entwicklungsabteilung wollte mit ihm ein paar letzte Details durchgehen, bevor alle versammelt waren, und als sie sich in den Konferenzraum setzten, sah Juvi durch die riesige Glaswand, wie sein Vater zur Küchenzeile ging und sich Wasser in einen transparenten Plastikbecher einfüllte. Sein Vater sah traurig aus. Der Leiter der Entwicklungsabteilung fuhr fort, über die Updates zu reden, mit denen man das Produkt aufrüsten müsste, um es auch dem chinesischen Markt anzupassen, und Juvi beobachtete seinen Vater, wie er langsam, mit kurzen Schlucken aus dem Plastikbecher trank und urplötzlich, ohne jede vorherige Warnung, zusammenbrach. Die Sekretärin erreichte ihn als Erste, Juvi als Zweiter. »Er atmet nicht!«, rief die Sekretärin. »Helft ihm! Er atmet nicht mehr!« Noch bevor die Sanitäter vom Roten Davidstern seinen Tod festgestellt hatten, war Juvi schon im Tesla auf dem Heimweg, um zu schlafen.

Der Wecker weckte ihn um sechs Uhr fünfundfünfzig, und einen Moment später klingelte es an der Tür. »Wie lange dauert es denn, eine Tür aufzumachen?«, fragte sein Vater, der am Eingang stand.

»Mach vorher einen Termin mit mir, und ich verspreche dir, ganz schnell aufzumachen«, zischte Juvi. Juvis Vater schenkte ihm einen kalten Blick.

»Gut«, sagte er. »Ich wollte dir vorschlagen, mit mir mitzufahren, aber vielleicht ist es besser, wenn der CEO nicht mit einem subalternen Angestellten im selben Wagen zur Sitzung kommt.« Er wandte ihm den Rücken zu und begann auf das Eingangstor zuzugehen. Juvi wollte ihn rufen, irgendein Zauberwort schreien, das diesen überflüssigen Zusammenstoß ungeschehen machen würde.

»Es tut mir leid«, rief er ihm hinterher, »ich hätte nicht so reden sollen. Ich bin bloß einfach im Stress wegen dem ganzen Wirbel um den Deal.«

Sein Vater blieb am Tor stehen und drehte sich zu ihm um. »Schon gut«, sagte er lächelnd, »dafür hat Gott dir einen Vater erschaffen, oder? Damit jemand zum Anschreien da ist.« Juvi gab ihm das Lächeln zurück und schlug vor, gemeinsam mit dem Tesla zu fahren, doch sein Vater beharrte darauf, dass es vielleicht trotzdem mit zwei Autos besser sei. Bevor sie sich trennten, umarmte Juvi seinen Vater mit aller Kraft, und sein Vater, den die Umarmung überraschte, sagte: »Schluss jetzt, du Kindskopf. Ich flieg ja nicht zum Mars. Wir sehen uns in einer halben Stunde im Büro.«

Doch anstatt zu antworten, hielt Juvi ihn weiter fest umarmt.

Die Zukunft ist nicht, was sie einmal war

Im Winter des Jahres 2038 gelang es Ira Pranab Leibovitsch, dem bekannten jüdisch-indischen Guru und Physiker, zu beweisen, dass Zeitreisen machbar waren. Es war nur ein kleiner Schritt von der Theorie zur Praxis, und innerhalb eines knappen Jahres gelang es Leibovitsch, den Prototyp einer Zeitmaschine zu bauen. Der Prototyp wurde sofort von SpaceX gekauft, wo man die Goldgrube des Weltraumtourismus ausgeschöpft hatte, und nun erwartete, dass Zeittourismus das nächste große Ding sein würde. Das Projekt TimeX konnte innerhalb von weniger als vierundzwanzig Stunden eine Trillion Dollar mobilisieren, doch trotz des enormen Potenzials hatte die Firma, die einen Menschen an jeden Punkt der Zeit in der Zukunft wie in der Vergangenheit schicken konnte, Schwierigkeiten, Kunden zu akquirieren.

Der hauptsächliche Grund für den Fehlschlag war, dass die Technologie es zwar ermöglichte, die

Kunden an jeden gewünschten Punkt der Zeit zu entsenden, man jedoch nicht wirklich wusste, wie man sie danach in die Gegenwart zurückbefördern sollte. Das erschwerte die Vermarktung von Zeitreisen als touristisches Abenteuer – und nicht als permanente Umsiedlung – beträchtlich. Ein weiteres Problem war, dass die Technologie, die Pranab Leibovitsch entwickelt hatte, auf der Konversion von Masse in Energie basierte, was bei den Reisenden dazu führte, dass sie an Körpergewicht verloren, wenn sie in die Vergangenheit geschickt wurden, und zunahmen, wenn sie in die Zukunft befördert wurden. Je weiter der Zeitpunkt, an dem der Reisende in der Vergangenheit eintraf, von der Zeit, aus der er kam, entfernt war, desto gravierender wurde der Verlust an Masse, und in Extremfällen konnte das sogar das komplette Verschwinden des Reisenden bewirken.

Bis zum Jahre 2040 schaffte es TimeX, drei Viertel seines Unternehmenswerts einzubüßen und an den Rand des Bankrotts zu geraten, doch gerade, bevor der Vorhang über der kommerziellen Zeitreise fiel, gelang es ihnen mit einem genialen Schritt, das Blatt komplett zu wenden und zu einer der profitträchtigsten Firmen der Welt zu werden. Wie ein geübter Judokämpfer, der dazu ausgebildet ist, die Kraft seines Gegners zu nutzen, um ihn auf die Matte zu werfen, gelang es TimeX, aus den sauren Zitronen von Raum und Zeit, die ihnen Leibovitschs Zeitreisetechnologie aufgezwungen hatte, eine süße, geldtriefende

Limonade zu gewinnen. Alles, was nötig war, um die Aktie hochschnellen zu lassen, war, der Firma ein neues Label zu verpassen. Sie nannte sich nun SlimX, und in ihrer neuen Kampagne wurde der Aspekt der Zeitreise völlig in den Hintergrund gedrängt und die Betonung auf das Potenzial der Gewichtsabnahme gelegt.

Die Welt, die noch nie auf eine derart wissenschaftliche und exakte Diät gestoßen war, verliebte sich sofort in das neue Modell. Die potenziellen Kunden, die sich auf der Webseite der Firma einloggten, mussten nur ihr aktuelles Gewicht und erwünschtes Zielgewicht angeben und erhielten sofort den historischen Zeitpunkt, an den sie sich schicken lassen sollten. Parallel dazu machte die Firma dem an Untergewicht leidenden Teil der Gesellschaft versuchsweise das Angebot, in eine Zukunft geschickt zu werden, in der sie ihr Idealgewicht erreichen würden, doch diese Produktlinie scheiterte, anscheinend weil aus Sicht des kommerziellen Mainstreams sowohl Gewichtszunahme als auch die Zukunft abschreckend wirkten.

Die meisten Leser werden noch einige gute Jährchen hinter sich bringen müssen, bis sie dieses einzigartige technologische Wunder erleben und vielleicht sogar daran teilnehmen können, doch seine Auswirkungen genießen wir bereits heute. Denn wer sind wohl Jeanne d'Arc, Leonardo da Vinci, Ludwig Wittgenstein und Steve Jobs, wenn nicht ein Haufen von Dickwänsten aus der Zukunft, die ein ums andere

Mal erfolgreich bewiesen haben, dass es viel einfacher ist, der Welt seinen Stempel aufzuprägen, als kein süßes Zeug mehr zu essen?

Und fast ironischerweise wurde auch Ira Pranab Leibovitsch selbst Kunde von SlimX. Der bahnbrechende Wissenschaftler, der sich jahrelang geweigert hatte, selbst eine Zeitreise zu wagen, beschloss zu guter Letzt, aus rein diätischen Erwägungen, sich in die Vergangenheit befördern zu lassen. Auf Grund seiner jüdischen Herkunft bat Leibovitsch, in den Nahen Osten geschickt zu werden. Er wusste, dass er, um das extreme Abmagerungsniveau zu erreichen, von dem er immer geträumt hatte, gezwungen sein würde, an den frühesten Zeitpunkt in der Vergangenheit zurückzukehren, zu dem ein Mensch jemals geschickt worden war. Sein technisches Team versuchte, ihn zu überreden, einen näheren und bekannteren Zeitpunkt zu wählen, der ihm zwar ein kleines Bäuchlein beließe, ihn aber nicht durch einen Zeitsprung von über zweitausend Jahren gefährden würde. Doch trotz ihrer überzeugenden Argumente blieb Leibovitsch dabei. Der Vater der ambitioniertesten Erfindung in der Geschichte der Menschheit hatte nicht im Sinn, in die Vergangenheit zu reisen, um ein bisschen Gewicht zu verlieren. Er wollte in die Vergangenheit reisen, um dünn zu sein. So dünn wie nur möglich, ohne ein einziges überflüssiges Gramm Fett, und mit leichten Füßen, leicht genug, um sogar übers Wasser gehen zu können.

Gruppentour

Das Raumschiff der Außerirdischen landete immer donnerstags. Miron erwartete es mit der Picknickkühlbox bei den Ruinen, die einmal das Rathaus von Ramat Gan gewesen waren. Sie kamen immer in Vierergruppen – eigentlich waren es fünf, wenn man den schwebenden Roboter mitzählte, der offenbar ihr Reiseleiter war. Miron hatte eine festgelegte Route: Als Erstes ging es zur Besichtigung der Großen Synagoge, die nahezu unversehrt geblieben war, von dort zum Stadion von Ramat Gan, das sich längst in einen Sumpf verwandelt hatte, und am Schluss zu den Überresten des Stadttheaters von Ramat Gan, in dem er und Rona ein paar Wochen, nachdem sie angefangen hatten, sich zu treffen, *Romeo und Julia* gesehen hatten. Bei den Ruinen des Theaters erzählte Miron den Außerirdischen immer die Geschichte von dem Paar, das einander so liebte, dass beide lieber zusammen sterben wollten als alleine zu leben. Am Ende dieses romantischen Monologs öffnete er die Kühlbox und verteilte an die Besucher Eis am Stiel, das Rona und er aus dem Supermarkt neben dem Oasis-Kino plünderten, in dem sie vor der Katastrophe gearbeitet hatten. Die Außerirdischen lutschten es neugierig, und da ihre Körpertemperatur viel niedriger war als das halb geschmolzene Eis, genügte schon ein leichtes Antippen mit ihrer Zunge, um das Eis wieder gänzlich gefrieren zu lassen. Nach Abschluss der Runde übergab der Roboter Miron jedes Mal ein Metallkästchen, das sich kalt anfühlte und in dem einige »Gesundheitsperlen« waren – den Namen dafür hatte Rona erfunden. Es war nicht klar, wofür die Außerirdischen sie benutzten, aber ihre Wirkung auf den Menschen war überwältigend: Es reichte, eine solche Perle zu schlucken, um eine ganze Woche lang satt, gesund und nicht depressiv zu sein.

Es war für beide Seiten ein ausgezeichnetes Geschäft: Die Außerirdischen bekamen eine persönliche, stimmungsvolle historische Tour, die speziell für sie von einer fast ausgestorbenen Lebensform veranstaltet wurde, und im Gegenzug erhielten Miron und Rona, die zwei letzten Menschen im Universum, Gesundheitsperlen, damit sie bis zum Besuch der nächsten Gruppe Außerirdischer überleben konnten.

Rona traf die Außerirdischen nie. Wäre es nach ihr gegangen, hätte sie Miron begleitet, doch er blieb absolut stur in dem Punkt, daher verkroch sie sich jedes Mal, wenn die Außerirdischen landeten, in einem Versteck, das sie im Keller der Stadtbibliothek eingerichtet hatten. Der Roboter und die Touristen, die mit ihm kamen, benahmen sich immer anständig, und im Laufe der Führungen fühlte sich Miron keine Sekunde lang in Gefahr, aber trotzdem dachte er, es sei sicherer, wenn die Außerirdischen glaubten, er sei der einzige Mensch, der auf der Erde übrig geblieben war, und nichts von Rona wüssten. Wenn er ihnen etwas über die Sehenswürdigkeiten erzählte, vermied er jeglichen Hinweis auf Ronas Existenz, außer – ganz vielleicht – in seinem Monolog über Romeo und Julia und ihre Liebe, die stärker war als alles, wobei er auch da ihren Namen nicht erwähnte, ihre Gegenwart aber in jedem einzelnen Wort spürte.

Rona starb an einem rostigen Nagel. Es stellte sich heraus, dass die außerirdischen Gesundheitsperlen, die vor so vielen Plagen und Krankheiten schützten, gegen Wundstarrkrampf machtlos waren. Und so starb Rona – nachdem es ihr gelungen war, einen Meteoritenhagel, zwei Hurrikans, einen Tsunami und die mörderischste Serie von Erbeben zu überleben, die den Planeten Erde je heimgesucht hatte – am Ende an einer Krankheit, für die der Mensch schon vor über hundert Jahren einen Impfstoff gefunden hatte.

Miron begrub sie bei der Bank im König-David-Park, auf der sie sich zum ersten Mal geküsst hatten. Er hatte darauf bestanden, dass sie sämtliche Gesundheitsperlen schluckte, die sie noch übrig hatten, in der verzweifelten Hoffnung, es würde irgendwie helfen, doch jetzt, als er gebeugt auf der Bank neben ihrem frischen Grab saß, bedauerte er, dass er nicht wenigstens eine einzige für sich selbst behalten hatte. Ihm war nicht klar, woran er genau litt, aber er glühte vor Fieber, und seine Muskeln schmerzten unaufhörlich. Vielleicht ist das das Ende, dachte er. Er legte sich auf die Holzbank und schloss die Augen. Vielleicht war das wie bei Romeo und Julia: Wenn er und Rona nicht zusammenleben konnten, würden sie wenigstens zusammen sterben.

Als Miron aufwachte, sah er den Roboter über sich schweben und spürte, dass ihn die kleine Gruppe der Außerirdischen, etwa zehn Meter hinter ihm, anblickte. Anscheinend hatte er so fest geschlafen, dass er die Landung des Raumschiffs nicht gehört hatte. Er war sehr schwach, doch er wusste, wenn er am Leben bleiben wollte, musste er sich wieder Gesundheitsperlen beschaffen, und um sie zu bekommen, musste er die Tour durchführen. Er erhob sich von der Bank und stapfte mit schweren Schritten zur Großen Synagoge. Der Rundgang dauerte dieses Mal viel länger, hauptsächlich weil Miron zweimal ohnmächtig wurde und gezwungen war, alles ganz langsam zu machen. Als sie endlich bei den Ruinen des Theaters angekommen waren und Miron dem Roboter seine offene Hand entgegenstreckte, pfiff der Roboter unwillig, statt ihm das kalte Metallkästchen hineinzulegen. Miron zuckte mit den Achseln, als verstehe er nicht, und streckte noch einmal die Hand aus. Der Roboter antwortete wieder mit einem Pfeifen, diesmal mit einer erhöhten Frequenz, die Miron in den Ohren schmerzte. Aus Sicht des Roboters, wie Miron wusste, war die Tour nicht beendet, bevor er die Geschichte von Romeo und Julia erzählt hatte, dem Liebespaar, das einander so liebte, dass die beiden keinen Sinn darin sahen, ohne einander weiterzuleben. Miron seufzte und begann zu erzählen.

Erst nachdem das Raumschiff abgehoben hatte, erlaubte er sich, das Metallkästchen aufzumachen und eine Perle in seinen Mund zu schieben. Er spürte sofort, wie sein Fieber zu sinken begann, und bis er wieder im König-David-Park ankam, waren die Schmerzen völlig verschwunden. Miron blickte auf das frische Grab. Rona und er hatten immer gedacht, dass die Außerirdischen den ganzen Weg von der anderen Seite der Milchstraße nur machten, um die Große Synagoge zu sehen und süßes Gefrorenes am Stiel zu lutschen, doch das war es nicht. Sie kamen bis hierher, um zu hören, wie er bei den Ruinen des Theaters von wahrer Liebe erzählte und einer Spezies, die so selten, so empfindsam und selbstlos war, dass sie, ohne zu zögern, lieber den Tod als Verlust und Einsamkeit wählte.

Draußen

Bereits drei Tage nachdem die Ausgangssperre aufgehoben wurde, war klar, dass niemand die Absicht hatte, das Haus zu verlassen. Nach so langer Zeit zu Hause hatten sich die Menschen schon daran gewöhnt: nicht zur Arbeit zu gehen, nicht ins Einkaufszentrum, nicht im Café mit einer Freundin zu sitzen, nicht auf der Straße plötzlich eine schweißnasse Umarmung von jemandem abzubekommen, der mit einem beim Militär gewesen war.

Die Regierung ließ den Leuten noch ein paar Tage Zeit, um sich zu akklimatisieren, doch als man begriff, dass sich an der Lage nichts ändern würde, blieb ihnen keine andere Wahl. Polizei- und Militärtrupps begannen an die Türen zu klopfen und den Bürgern zu befehlen, herauszukommen und zur Routine zurückzukehren.

Aber nichts zu machen – nach hundertzwanzig Tagen Isolation ist es nicht immer leicht, dich daran zu erinnern, was genau du vorher gearbeitet hast. Nicht, dass du es nicht versuchen würdest. Es war irgendwas mit einer Menge wütender Menschen, die Schwierigkeiten mit Autoritäten hatten. Vielleicht eine Schule. Oder ein Gefängnis? Du hast eine dumpfe Erinnerung an einen Jungen mit Schnurrbartansatz, der einen Stein nach dir warf. Vielleicht bist du ja eine Sozialarbeiterin?

Du stehst auf dem Gehsteig draußen vor deinem Haus, und die Soldaten, die dich hinausbegleitet haben, geben dir zu verstehen, dass du dich in Bewegung setzen sollst. Also gehst du los. Aber du weißt nicht, wohin genau. Du suchst in deinem Handy nach etwas, das dir helfen würde, dich zurechtzufinden. Frühere Verabredungen, verpasste Anrufe, Adressen in deinem Verzeichnis. Auf der Straße bist du von Menschen umgeben, die hin und her laufen, zum Teil echt panisch wirken. Auch sie können sich nicht erinnern, wohin sie eigentlich gehen müssen, oder sie erinnern sich, wissen aber nicht mehr, wie sie dorthin kommen oder was genau sie unterwegs machen sollen.

Du hättest liebend gern eine Zigarette, aber du hast die Schachtel daheim vergessen. Als die Soldaten hereinkamen und dich anschrien, dass du rausgehen sollst, hast du es gerade noch geschafft, Schlüssel und Geldbörse mitzunehmen, nicht einmal an die Sonnenbrille hast du gedacht. Du könntest versuchen, jetzt zu deiner Wohnung zurückzukehren, aber die Soldaten sind noch dort, klopfen ungeduldig an die

Türen der Nachbarn, also gehst du zum Kiosk, wo du entdeckst, dass du nur eine Fünf-Schekel-Münze im Geldbeutel hast. Der Verkäufer, ein hochgewachsener junger Mann, der nach Schweiß riecht, schnappt sich die Schachtel wieder, die er dir schon gegeben hat, und sagt: »Ich heb das hier für dich auf, an der Kasse.« Und als du ihn fragst, ob du mit Kreditkarte bezahlen könntest, grinst er, als ob du ihm einen Witz erzählt hast. Als er dir die Schachtel weggenommen hat, hat dich sein Handrücken – behaart wie eine Ratte – berührt. Hundertzwanzig Tage sind vergangen, ohne dass dich irgendjemand berührt hat.

Dein Herz klopft vor Angst, die Luft pfeift durch deine Lungen, und du weißt nicht, ob du durchhalten wirst. Beim Geldautomaten sitzt ein magerer Mann in schmutzigen Kleidern mit einer Blechtasse neben sich. Was man in solchen Fällen machen muss, ausgerechnet daran erinnerst du dich. Du gehst mit beschleunigtem Schritt an ihm vorbei, und als er dir mit gebrochener Stimme erzählt, dass er schon seit zwei Tagen nichts gegessen hat, schaust du wie ein Profi in die andere Richtung, um jeden Blickkontakt zu unterbinden. Es gibt nichts zu befürchten. Es ist wie mit dem Fahrradfahren: Der Körper erinnert sich an alles, und das Herz, das weich geworden ist, als du allein warst, wird sich innerhalb kürzester Zeit wieder verhärten.

Hund um Hund
(alias Auge um Auge)
(für Fida)

Joaz marschiert ein paar Meter vor uns. Er geht wirklich schnell, Alex und ich müssen fast rennen, um mitzukommen. Joaz geht immer schnell, und wenn er wütend ist, dann noch schneller, aber so habe ich ihn noch nie gesehen. In einer Hand hält er eine rostige Eisenstange, die wir unterwegs gefunden haben, und in der anderen eine Sprite-Plastikflasche, die er an der Tankstelle an der Kreuzung abgefüllt hat.

Alex flüstert mir keuchend zu: »Ich glaube, er ist verrückt geworden, dein Bruder, echt komplett verrückt.«

Joaz, der anscheinend etwas gehört hat, bleibt stehen und dreht sich zu ihm um. »Was hast du gesagt?«, fragt er.

»Er hat gesagt, dass wir zur Polizei gehen müssen«, platze ich heraus, »dass es sich nicht lohnt, wenn wir Schwierigkeiten kriegen.«

»Was ist los, Blödmann?«, sagt Joaz und fängt an,

auf Alex zuzugehen. »Hast wohl Angst, mit uns zum Araberviertel zu kommen?«

Ich versuche, mir etwas einfallen zu lassen, das ich sagen könnte, irgendetwas, um das hier zu stoppen.

•

Als ich von der Schule heimkam, war Smadja schon tot. Er lag auf der Straße, die am Friedhof vorbeigeht, direkt an der Abzweigung zu unserer Straße. Am Anfang dachte ich, dass es ein anderer Hund ist, weil sein Fell braun und nicht weiß wie das von Smadja aussah, aber als ich näher kam, merkte ich, dass es die Farbe des getrockneten Bluts war. Und Alex, der direkt neben der Hundeleiche stand, rannte auf mich zu und erzählte mir alles: Wie ein silberner Renault-Kleintransporter total schnell aus Richtung des Eisenbahnviertels gekommen war und Smadja in die Luft gewirbelt hatte, wie der Transporter dann nach ein paar Metern angehalten hatte und ein Mann mit Bart ausgestiegen war. Alex sagte, dass der Mann wirklich groß war, mit einer großen, weißen Kappe auf dem Kopf, wie sie Araber tragen, und statt zu fliehen, war er, Alex, auf den Wagen zugerannt und hatte geschrien: »Du hast ihn umgebracht! Du hast ihn umgebracht!« Und der Araber, obwohl er doppelt so groß war wie Alex, erschrak, stieg sofort wieder in den Transporter ein und flüchtete.

Ich und Alex sind nicht wirklich Freunde, obwohl wir im gleichen Alter sind und in derselben Straße wohnen. Er ist vielleicht das einzige Kind im ganzen Viertel, das auf eine andere Schule geht. Akiva hat mir einmal erzählt, dass es so eine Schule für komische Kinder sei, dass es dort keine Hausaufgaben gäbe und dass jeder, der dort hingehen wolle, stricken können müsste, sogar die Jungs. In der Früh, wenn Joaz und ich zur Schule gehen, sehen wir Alex immer, der auf seinen Bus wartet, und er kommt erst, wenn es schon fast dunkel ist, wieder ins Viertel zurück. Zum Glück hatte er ausgerechnet an diesem Morgen gekotzt, und seine dürre Mutter mit der heiseren Stimme und den Kräuselschwammhaaren beschloss, dass er zu Hause bleiben sollte, sonst hätte er nämlich nie im Leben gesehen, wie der Hund überfahren wurde. »Wie er abgehauen ist, hab ich sofort das Handy rausgeholt und ein Foto gemacht«, sagt Alex und zeigt mir stolz ein verschwommenes Bild von dem Nummernschild des Transporters. »Siehst du? Mit der Nummer von dem Auto schnappt ihn die Polizei sofort.«

Joaz und ich haben Smadjas Grab auf dem Hügel neben dem Friedhof ausgehoben. Joaz hat gesagt, das sei nach jüdischer Vorschrift in Ordnung und für Smadja wäre es besser, denn dann wäre er nicht allein begraben. Alex wollte auch graben, aber Joaz hat den Spaten umklammert und gesagt, dass ihn das Graben beruhige, und außer mir würde er niemand ranlassen. Nachdem wir Smadja in das Loch gelegt hatten, meinte Joaz, ich könnte doch was über ihn sagen – also nicht direkt ein Gebet, weil er ja ein Hund war, aber über ihn reden. Ich sagte, dass er ein guter Hund war, und als ich ihn an meinem neunten Geburtstag gekriegt habe, noch als Welpen, brachten sie gerade eine Sendung über Oren Smadja, der einmal eine Bronzemedaille bei der Olympiade gewonnen hat, und haben gezeigt, wie er auf einer Matte Judorollen machte, die genauso aussahen, wie sich ein Welpe herumrollt, und ich habe sofort gesagt, dass wir ihn Smadja nennen, und Joaz und Papa haben gemeint, dass »Smadja« nun nicht gerade ein Hundename sei, aber Mama sagte, das würde ich bestimmen – da unterbrach mich Joaz und sagte, ich müsste nicht alles erzählen, was seit seiner Geburt passiert ist, ich sollte einfach was über ihn sagen, das von Herzen kommt, zum Beispiel, dass ich mich auch noch an ihn erinnern werde, wenn ich schon hundert bin, oder ich könnte an seinem Grab einen Schwur leisten.

»Einen Schwur?«, klinkte sich Alex ein. »Was für einen Schwur?« Joaz erwiderte, ich könnte schwören, wenn ich jemals einen anderen Hund hätte, dass ich ihn zum Andenken auch Smadja nennen würde, oder ich könnte schwören, seinen Tod zu rächen. Als Joaz das sagte, zog Alex wieder sein Handy heraus und sagte: »Zur Polizei gehen ist nicht rächen ...« Joaz grinste.

»Wer redet hier von Polizei?«, sagte er zu Alex und fing an, das Grab zuzuschütten. »Nadav und ich erledigen das allein.«

»Ich sag dir«, fuhr Alex fort, »mit dem Foto mit der Nummer, das ich von dem Wagen habe, schnappen die ihn innerhalb von Sekunden ...«

»Schnappen die ihn innerhalb von Sekunden«, äffte Joaz die Quietschstimme von Alex nach. »Wer? Wer schnappt ihn, du Trottel? Deine Stricklehrerin in der Mädchenschule?«

»Das ist keine Mädchenschule«, empörte sich Alex, »das ist eine Waldorfschule. Und wenn Nadav Anzeige erstattet, dann wird die Polizei Israels ...«

»Die Polizei Israels?«, unterbrach ihn Joaz. »Die israelische Polizei schafft es nicht mal, Menschenmörder zu verhaften, und da denkst du wirklich, dass irgendwen dort ein Hundemörder juckt?«

»Aber wenn nicht die Polizei, was genau sollen wir denn dann machen?«, fragte Alex erschreckt. Statt zu antworten, schüttete Joaz weiter das Grab zu, und als er damit fertig war, warf er den Spaten auf die Erde, schaute mich an und sagte:

»Komm, Kamerad, wir gehen ins Araberviertel.«

Joaz und ich gehen los. Auch Alex schließt sich uns an, bleibt aber ein paar Schritte hinter uns, um Joaz nicht zu reizen. »Sag mal«, frage ich, hauptsächlich zur Ablenkung, damit er sich beruhigt, »was hast du in die Flasche gemacht? Kerosin?«

»Benzin«, erwidert Joaz und zieht ein orangenes Plastikfeuerzeug aus der Tasche. »Jalla!« Er schnippst das Feuerzeug an und hält es nahe vor mich hin. »Freudenfeuer! Wer kommt mit, einen Hund von den Arabs abfackeln?«

»Moment mal«, ruft Alex und greift mit seinen sommersprossigen Händen nach meinem Arm. »Moment! Denk mal kurz nach! Das ist doch total unlogisch, dass wir hingehen und irgendeinen Hund umbringen, den wir gar nicht kennen, der überhaupt nichts zu tun hat mit ...«

»Unlogisch?« Joaz nähert sein Gesicht wütend dem von Alex. »So steht's in der Bibel, und jetzt kommt dir plötzlich auch die Bibel unlogisch vor?«

»In der Bibel steht nirgendwo, wenn man dir einen Hund ...«, aber Joaz lässt ihn den Satz nicht zu Ende sprechen.

»*Auge um Auge*!«, schreit er. »*Zahn um Zahn*! Das ist aus dem Exodus. Bringt man euch überhaupt nichts bei in eurer bescheuerten Schule?«

»Komm schon, Joaz«, entgegnet Alex, »das hat nicht einmal entfernte Ähnlichkeit. Dieser Fahrer mit der Kappe ...«

»Der Araber«, sagt Joaz wütend, »sag ›Araber‹.«

»Gut«, sagt Alex, »in Ordnung. Der Araber. Ich hab gesehen, wie es passiert ist. Er ist wirklich abgehauen, hat sich wie ein Scheißkerl benommen. Aber er hat es nicht mit Absicht gemacht.«

»Ach echt?« Joaz zwinkert mir zu und antwortet

ihm: »Verlass dich auf mich, wenn wir denen heute einen Hund verbrennen, machen wir das auch nicht mit Absicht.«

Alex zieht sein Handy aus der Tasche, wedelt damit vor Joaz' Gesicht herum und schreit: »Du bist total bescheuert! Wenn du und Nadav die Flasche und dieses Feuerzeug jetzt nicht wegwerft und nach Hause geht, ruf ich die Polizei und erzähl ihnen alles über euch.«

Joaz gibt Alex eine Ohrfeige mit der Hand, in der er nicht die Flasche mit dem Benzin hält. Es ist seine schwächere Hand, aber es reicht aus, um Alex das Handy aus der Hand zu schlagen. Alex fängt an zu weinen. Joaz hebt das Telefon vom Asphalt auf und steckt es in die Hosentasche. »Hörst du nicht, was man dir sagt, he?«, fährt er ihn an. »Keine Polizei. Nur wir. Jetzt geh heim, und gnade dir Gott, wenn du auch nur ein Wort sagst ...«

»Mein Handy ...«, wimmert Alex und streckt die Hand aus, »mein Handy ...«

»Nachher«, zischt Joaz. »Wenn du deinen Mund hältst, gibt Nadav es dir später wieder, wenn wir zurückkommen.« Joaz dreht sich um und geht in langen Schritten in Richtung der Schienen weiter, ich muss fast rennen, um ihn einzuholen.

»Nadav!«, schreit Alex mir nach. »Geh nicht mit! Er ist total gestört!« Aber Joaz dreht sich nicht einmal um, um nachzusehen, ob ich komme. Er weiß, dass ich hinter ihm bin.

Im Viertel der Araber gibt es fast keine Straßenbeleuchtung. Aber Joaz kennt sich gut aus. Er und seine Freunde kommen manchmal nach der Schule hierher, um Hummus zu essen. Auch bei uns im Viertel gibt es Hummus, aber Joaz sagt, dass der von den Arabern besser schmeckt und die Hälfte kostet. Er führt uns durch einen schmalen, halb geheimen Durchgang entlang zu einem vollgemüllten Platz, neben dem es eine Art großes, von einem Zaun umgebenes Lagerhaus gibt. Noch bevor wir in die Nähe kommen, höre ich Hundegebell, und eine Sekunde später taucht er auf, ein riesiger Dobermann, der wütend aussieht. Joaz sagt zu mir, das sei ein Schuhlager von Arabern, und dass die Araber, die dort arbeiten, einem Jungen aus seiner Klasse, der an ihren Zaun gepinkelt hat, gedroht haben, dass sie den Hund auf ihn hetzen. »Heute Nacht machen wir ihnen ein Grillfeuer«, sagt er und zieht ein Stück Salamiwurst heraus, das er in seiner Tasche aufbewahrt hat. »Heute Nacht zeigen wir ihnen, dass das Blut eines jüdischen Hunds kein Pappenstiel ist.«

Joaz' Plan ist simpel. Ich muss nur das Salamistück nehmen, das er mitgebracht hat, es nahe an eine der Zaunritzen halten und den Hund rufen, und wenn der die Wurst riecht und näher kommt, wird Joaz das Benzin in der Flasche über ihm ausschütten und es anzünden.

»Ich will nicht«, sage ich zu ihm.

»Was, du willst nicht?«, stöhnt Joaz. »Für was sind

wir denn dann hergekommen? Na, nimm schon!« Er drückt mir die Wurst in die Hand, die in ein Stück Papier eingewickelt ist.

»Schau ihn dir an«, sage ich und deute auf den Hund, der jetzt auf der anderen Seite des Zauns mit einer Schuhschachtel spielt, die er gefunden hat, »ist doch bloß ein armer Hund.«

»Arm?« Joaz wird wütend. »Was heißt hier arm? Meinst du, er ist wie Smadja, für den du einen Ball schmeißt, und er bringt ihn dir zurück? Wenn hier kein Zaun wäre, hätte er dich schon längst in Stücke gerissen.« Ich schweige mit der eingewickelten Wurst in der Hand, und Joaz tritt dicht an mich heran und legt mir eine Hand auf die Schulter.

»Komm schon, Nadav«, sagt er mit milder Stimme zu mir, »lass uns endlich Schluss damit machen«, und flüstert dann: »Für Smadja.«

»Ich will ihn nicht verbrennen«, sage ich.

»Ich auch nicht«, erwidert Joaz, »glaub mir, ich auch nicht. Aber wenn wir das nicht machen, wenn wir ihnen nicht ein für alle Mal eine Lektion erteilen, dann nimmt das nie ein Ende. Smadja war nur dein erster Hund. Willst du, dass sie uns auch den nächsten Hund überfahren?« Ich antworte nicht, also fährt er fort: »He, ich übernehme alles. Du brauchst gar nichts tun. Ihm bloß die Wurst geben. Ich würde das ja allein machen, aber um das Benzin drüberzuschütten und anzuzünden, brauche ich zwei Hände.« Ich schüttle verneinend den Kopf. »Ich versteh dich nicht.« Joaz nähert sein Gesicht dem meinen. »Ich versteh dich nicht. Weißt du, was das heißt, dass dein Hund gestorben ist? Die ganze Nacht wirst du von ihm träumen, die ganze Nacht wird er im Traum zu dir kommen, überfahren, mit den Reifenspuren auf dem Bauch, dich mit tieftraurigen Augen anschauen und heulen. Und was dann? Sagst du dann auch ›nein‹ wie ein Kindergartenkind? Gib her!« Er reißt mir die Salami aus der Hand und sagt: »Egal, du verwöhnter kleiner Scheißer. Ich mach das allein.«

Joaz öffnet die Flasche mit dem Benzin und wirft den Verschluss wütend auf den Boden. Er reißt das Papier weg, hält die Salami mit den Zähnen fest und geht dicht an den Zaun. Er versucht, den Hund zu locken, aber mit der Wurst zwischen den Zähnen ist nicht zu verstehen, was er sagt. Ungefähr acht Meter weit weg spielt der Hund von den Arabern weiter mit der Schuhschachtel, die schon völlig zerfetzt ist, und ganz egal, wie auch immer Joaz ihn ruft, er ignoriert ihn einfach. Nach etwa einer Minute verlässt Joaz den Zaun und kommt zu mir. »Nadav«, sagt er zu mir mit der flehendsten Stimme, die ich je im Leben von ihm gehört habe, »ich kann's nicht allein, ich brauch dich, hilf mir!« Ich versuche etwas zu sagen, aber die Worte verwickeln sich, und als ich zu weinen anfange, umarmt mich Joaz. Seine Umarmung riecht nach Benzin und Salami. Mittendrin klingelt Alex' Telefon. Joaz lässt die Arme sinken, steckt das Feuerzeug in die Hosentasche zurück, zieht das Handy heraus und schaut auf das Display. »Das ist seine hirnrissige Mutter«, zischt er.

»Diese Petze«, sage ich zu Joaz. »Er hat ihr garantiert alles erzählt.«

Bevor wir zurückgehen, werfen wir die Flasche mit dem Benzin und das Feuerzeug in einen Abfallcontainer. Falls nämlich Alex' Mutter unseren Vater anruft und ihm sagt, dass wir versucht haben, was anzustellen, hat sie überhaupt keine Beweise. Die Wurst stecke ich durch den Zaun dem Hund von den Arabern zu, und er vertilgt sie innerhalb einer Sekunde. Es ist eine gute Salami. Meine Mutter macht mir immer ein Sandwich damit, mit Mayonnaise und Essiggurken. Es wäre schade, sie wegzuwerfen.

In der Schlange

Es ist an der Zeit, dass wir einsehen, dass die Menschen nicht wirklich gut darin sind, sich an die Dinge so zu erinnern, wie sie in Wahrheit passiert sind. Wenn Erfahrung ein Kleidungsstück ist, dann ist Erinnerung der Stoff, nachdem er immer wieder entgegen den Instruktionen gewaschen wurde: Die Farben sind verblichen, die Größe ist stark eingeschrumpft, und der ursprüngliche, nostalgische Geruch dieses speziellen Anziehteils hat sich längst zum künstlichen Veilchenduft eines Weichspülers gewandelt.

All das ging Giora Schviro selig durch den Kopf, während er in der Schlange zur Welt des Jenseits wartete. Die Schlange schien lang, fast endlos zu sein, doch irgendwie verfloss die Zeit anders, und das Warten hier war um vieles erträglicher als, sagen wir mal, bei der Sicherheitskontrolle am Flughafen oder beim Arzt, Situationen, die Giora, der immer erster Klasse flog und in teuren Privatpraxen behandelt wurde, ohnehin nicht kannte. Doch in dieser speziellen Schlange sah es so aus, als gäbe es keine Abkürzungen. Es schien, als seien alle gleich vor dem Tod oder dem Schöpfer, oder wer auch immer am Ende der unendlichen Schlange auf sie wartete. Obwohl, man kann nie wissen, sinnierte Giora, vielleicht gibt es einen anderen Eingang für die Zadikim, die Gerechten der Welt, von dem er und die anderen nichts wussten. Ja, es war sehr wahrscheinlich, dass es einen geheimen Eingang für die Prominenten gab. Es war schließlich nicht einleuchtend, dass die Heilige Maria oder Mahatma Gandhi, als sie gestorben waren, in der gleichen Schlange stehen mussten wie jedermann.

Damit ihr mich nicht falsch versteht – es war nicht so, dass die Schlange nicht vom Fleck kam, sie rückte die ganze Zeit weiter voran, aber auch jetzt, Giora wartete bereits seit ... seit ... Das ist es eben. Als wir sagten, dass sich die Zeit in dieser Schlange anders verhält, meinten wir damit, dass sie nicht wirklich existent war. Das heißt, sie war zwar vorhanden, Zeit muss immer existieren, nur schien es, dass Giora und die anderen sie nicht bemessen konnten. Die hochgewachsene Frau mit dem Nasenring, die vor Giora in der Schlange stand, erklärte ihm, es ähnle dem Nirwana, und der Alte mit dem schlechten Mundgeruch hinter ihm behauptete, es sei ein bisschen wie Demenz, bloß auf gute Art. Interessant, dachte sich Giora, was Demenz auf gute Art wohl sein mochte.

Vielleicht, wenn einen die Demenz ein Leben vergessen lässt, an das man sich ohnehin lieber nicht erinnert? Aber auch dieser Gedanke verflüchtigte sich in seinem Gehirn, noch ehe er ihn zu Ende denken konnte, und einen Moment, bevor er von einem anderen fruchtlosen Gedanken ersetzt wurde, erblickte er rein zufällig einen weißen Engelsflügel.

Auch der Engel stand in der Schlange, ungefähr zwanzig Personen weiter vor ihm, und wartete geduldig wie alle anderen. Aus der Entfernung schien es Giora, als schwankte er auf der Stelle und redete mit sich selbst, doch vielleicht betete er ja auch. Obwohl, weshalb sollte ein Engel, der in der Schlange zum Jenseits wartete, beten? Die ganze Geschichte mit dem Beten war in der Welt der Lebenden ganz normal, aber nach dem Tod würde man von einem Engel im Himmel doch erwarten, dass er mit dem Schöpfer der Welt auf eine etwas unmittelbarere Weise kommunizieren könnte. Das bedarf einer Überprüfung, dachte sich Giora. Als er noch am Leben gewesen war, war er Analyst in einem boomenden Hedgefonds, und als er dort zu arbeiten anfing, lernte er als Erstes, dass man, wenn einer der Manager etwas Falsches sagte oder etwas von einem verlangte, das einem nicht behagte, statt zu widersprechen oder zu diskutieren, am besten immer sagte, »Das bedarf einer Überprüfung«. Und dann geduldig abwartete, bis die ganze Sache in Vergessenheit geriet. Allerdings war es diesmal keine nur so dahingesagte höfliche Abfuhr, sondern es handelte sich nun um eine Angelegenheit, an der Giora wirklich interessiert war, bei der er das Gefühl hatte, er müsse das klären.

Die hochgewachsene Frau mit dem Nasenring und der alte Mann mit dem üblen Mundgeruch versprachen Giora, dass, während er zu dem Engel gehen würde, um ihn auszufragen, sie ihm den Platz in der Schlange freihalten würden, und diese Zusicherung bescherte Giora genügend Rückenwind, um den Mut aufzubringen, sich dem Engel zu nähern.

»Entschuldigung!«, sagte er zu dem Engel, der ihn anfangs ignorierte. »Entschuldigung! Ja, Sie. Darf ich Sie etwas fragen?« Der Engel, der etwas abwesend wirkte, nickte. »Danke«, sagte Giora mit einer kleinen, gezwungenen Verbeugung. »Könnten Sie mir vielleicht, einfach deswegen, weil Sie ein Engel sind und so, einen Überblick über die ganze Betriebsorganisation des Jenseits geben? Die Grenzen des Sektors, die Hierarchiestrukturen, Sie wissen schon, eben alles wirklich Wichtige.«

Der Engel versuchte auszuweichen. Er behauptete, er sei gar kein Engel und habe bloß so, rein zufällig, Flügel, aber Engel sind nicht gut im Lügen, wenigstens nicht über längere Zeit, und nach ... nach ... Gut, wir haben mit euch schon über die merkwürdige Art und Weise gesprochen, in der die Zeit in der Schlange zum Jenseits verging. Giora hätte somit nicht wirklich zu sagen gewusst, nach wie viel Zeit, aber zu einem bestimmten Zeitpunkt gab der Engel zu, dass er ein Engel war, und erklärte Giora flüsternd, dass es seine Aufgabe sei, sich unter die Toten zu mischen und sicherzustellen, dass alles glattlief und es keine Probleme gab.

»Und falls Sie auf Probleme stoßen?«, forschte Giora nach. »Was genau sollen Sie dann tun? Gibt es irgendeine Verfahrensweise? Sollen Sie es jemandem melden? Sich selbst darum kümmern?«

Der Engel dachte einen Moment nach und begann zu stottern. Ehrlich gesagt war er noch nie auf ein Problem gestoßen. Schließlich versammeln sich die toten Menschen in geordneter Form, was kann da schon passieren? Das heißt, bei der Unterweisung hatten sie schon mit ihm darüber gesprochen, was er im Falle einer Ordnungsstörung tun sollte, aber das war vor so langer Zeit gewesen, dass er sich nicht mehr daran erinnerte.

Die bleiche Frau, die hinter dem Engel stand, machte Giora darauf aufmerksam, dass er laut sei, das würde sehr stören. Es war ihr anzusehen, dass sie argwöhnte, das ganze merkwürdige Gespräch, das Giora mit dem Engel führte, sei nur ein Vorwand, sich in der Schlange vorzudrängeln. Giora entschuldigte sich umgehend und erklärte, dass er mit dem Engel nur eine technische Kleinigkeit klären wolle und in der Sekunde, in der er fertig sei, sofort auf seinen Platz zurückkehren würde. Wobei er sich, um die Wahrheit zu sagen, nicht mehr daran erinnerte, wo sein Platz in der Schlange gewesen war. Er erinnerte sich an irgendjemand Älteren oder Großen mit schlechtem Geruch aus dem Mund ... oder aus dem Nasenring ... Und inzwischen hatte es der Engel geschafft, Gioras Frage zu vergessen, und Giora selbst, der auch nicht mehr wusste, wonach er vorher gefragt hatte, fragte nun:

»Sagen Sie, mit all dem göttlichen Geist und der Allmächtigkeit und dem Ganzen, konntet ihr da nicht ein etwas effektiveres System organisieren? Wissen Sie, eines ohne Schlange?«

Der Engel blickte ihn verwirrt an. »Schlange?«, fragte er. »Was genau meinen Sie?«

»Was ich meine?« Giora lachte auf. »Ich meine Sie und mich und die ganzen Menschen, die mit uns hier warten, schon seit ... seit ... ich weiß nicht, schon lange eben. Wissen Sie, das ... das alles hier«, und Giora machte eine unbestimmte Bewegung mit der Hand, die all die Menschen umfassen sollte, die still wartend vor und hinter ihnen standen.

»Das?«, sagte der Engel und zuckte die Achseln. »Das, wenn ich es richtig verstanden habe, ist das Paradies.«

Director's Cut

Maček Smolansky war ein Filmregisseur, Unternehmer und Philosoph. Vor allem aber war er ein Perfektionist. Daher zeigte sich niemand besonders überrascht, als er ankündigte, dass sein neuer Film, der den Titel »Das Leben« tragen sollte, mit drei Kameras gefilmt werden und Minute für Minute die Länge eines Menschenlebens einfangen würde. Die Aufnahmen begannen mit der Geburt von Pavel Krotoczovski, dem introvertierten Helden des Films, und zogen sich über dreiundsiebzig Jahre hin. Beim Filmen der Schlussszene, in der Pavel Selbstmord beging, indem er sich im Keller seines Hauses erhängte, nachdem bei ihm Prostatakrebs im fortgeschrittenen Stadium diagnostiziert worden war, weinte das gesamte Filmteam, und sogar dem protestierenden Tontechniker, der sie zum Schweigen zu bringen versuchte, gelang es nicht, die Tränen zu stoppen.

Die Nachproduktion dauerte hundertvierzehn Jahre. Maček starb im hohen Alter, ein paar Monate, nachdem man damit begonnen hatte. Die Tonbearbeitung nahm noch einmal sechsundneunzig Jahre in Anspruch, und in den sozialen Medien wurden nicht wenige Klagen darüber laut, es sei schlampig gearbeitet worden.

Zur Premiere wurde die Hautevolee der Filmkritiker eingeladen, und die wenigen Karten, die dem Normalpublikum angeboten wurden, wurden auf dem Schwarzmarkt zu horrenden Preisen verkauft. Wie versprochen dauerte die Ausstrahlung dreiundsiebzig Jahre. Als der Abspann über die Leinwand lief und die Lichter im Saal angingen, entdeckten die Platzanweiser, dass das Publikum tot war. Der Großteil roch bereits übel. Doch zwischen all den faulenden Leichen saß ein einsamer lebendiger Zuschauer, nackt und kahl, und weinte wie ein Baby, und als er keine Tränen mehr übrig hatte, trocknete er sich die Augen, stand auf und begann, so wie er war, auf den Ausgang zuzugehen.

Dieser Mann war der Sohn einer berühmten Filmkritikerin, die von ihrer Schwangerschaft noch nichts gewusst hatte, als sie den Kinosaal betrat. Er wurde im achten Monat der Filmvorführung geboren und wuchs in dem dunklen Kinosaal, hypnotisiert von der Leinwand auf. Als er die Türen des Saals öffnete und auf die Straße hinaustrat, blendete ihn die Sonne. Dutzende Journalisten, die draußen vor dem Kino warteten, stießen ihre Mikrophone in seine Richtung und fragten, was er von dem Film halte.

»Film?«, fragte der kahle, nackte Mann, während er ins Licht blinzelte. Er hatte gedacht, das sei das Leben.

Gravitation

Drei Tage nachdem sie in die neue Wohnung gezogen waren, sprang die Nachbarin aus dem Stockwerk über ihnen aus dem Fenster. Romi kam gerade vom Café Aroma beim Park mit zwei Take-Away-Bechern Cappuccino zurück, als die Nachbarin aus dem achten Stock auf dem Bürgersteig auftraf. Der Becherträger fiel Romi aus der Hand, der Kaffee spritzte über ihre ganze Trainingshose, und sie hielt den Blick stur auf die Flecken auf der Hose gerichtet, um keinesfalls etwas anderes zu sehen. Sie hörte rennende Schritte, Keuchen und Reden, und innerhalb weniger Sekunden waren bereits an die zwanzig Leute versammelt, und der Reinigungsmann mit den zusammengewachsenen Augenbrauen aus der Lobby telefonierte, um einen Krankenwagen zu rufen. Jemand sagte, sie heiße Rinat oder Ronit, und eine andere erzählte, dass sie sie ein paar Tage vorher im Aufzug weinen gesehen habe. »Das ist wegen dem

Corona«, sagte der Reinigungsmann, »alle bringen sich jetzt um. Sie haben gestern in den Nachrichten davon geredet.«

Die ferne Sirene mischte sich für Romi mit dem Vibrieren ihres Handys. Es war Daniel, doch sie wollte ihm das Ganze nicht am Telefon erzählen. Sie fuhr sich mit der Hand über die Wangen, um sicherzugehen, dass sie nicht weinte, atmete tief durch und setzte ihren Weg zum Hauseingang fort. »He!«, hörte sie den Reinigungsmann hinter ihr herrufen und als sie sich umdrehte, schrie er: »He, Sie da, was meinen Sie eigentlich, wo Sie hingehen? Sie sind eine Zeugin!«

»Zeugin für was?«, fragte Romi. »Ich habe nichts gesehen.« Aber der Reinigungsmann blieb beharrlich.

»Sie waren am nächsten dran!«, schrie er. »Sie sehen doch, ihr Blut ist über Ihre Kleider gespritzt!«

»Das ist kein Blut«, widersprach Romi. »Das ist Kaffee. Er ist mir aus der Hand gefallen.«

»Für mich schaut das wie Blut aus«, stellte der Reinigungsmann entschieden fest, »am besten sollte sich das ein Polizist ansehen.« Romi erstarrte für einen Moment, doch als das Handy in ihrer Hosentasche erneut zu vibrieren begann, ging sie wieder weiter.

»He, Sie!«, schrie der Reinigungsmann wieder, aber eine Männerstimme sagte: »Lassen Sie sie doch, die Arme, was wollen Sie denn von ihr?«

Daniel öffnete ihr verärgert die Tür. »Filterst du meine Anrufe?«, fragte er. Bevor sie jedoch antworten konnte, bemerkte er die Flecken auf ihrer Trainingshose und sagte: »Was ist denn mit dir passiert? Ist alles in Ordnung?«

Romi wollte ihm von der Nachbarin erzählen, die hinuntergesprungen war, und von dem Reinigungsmann mit den zusammengewachsenen Augenbrauen und dass die Flecken auf der Hose garantiert nie mehr rausgehen würden, aber es entwich ihr nur ein seltsames Wimmern, und Daniel trat schnell auf sie zu und nahm sie auf seine sanfte, kaum spürbare Art in die Arme. »Genug, Liebling, was ist denn passiert?«

Sie erzählte ihm alles. Sie wollte Mitleid mit der Nachbarin zeigen und sagen, dass es schrecklich sei, dass sie sicher viel gelitten habe, aber es kam nur Zorn heraus. 3,4 Millionen hatten sie für diese Wohnung hingelegt. Daniels Mutter hatte ihnen fast eineinhalb Millionen gegeben, und für den Rest hatten Daniel und sie eine Hypothek über dreiundzwanzig Jahre unterschrieben. Dreiundzwanzig Jahre! Wenn Daniel sie jetzt bei einem Post-Trauma-Fick schwängern würde und sie ein Kind bekämen, dachte sie, würde dieses Kind aufwachsen, die Schule beenden, zum Militär gehen, kämpfen und entlassen werden – und Daniel und sie würden immer noch jeden Monat die Wohnung abbezahlen. Und dieses Kind, das es noch gar nicht gab, würde jedes Mal, wenn es aus dem Kindergarten oder aus der Schule oder auf Militärurlaub nach Hause kam, über die Stelle gehen, auf der die Leiche von dieser Rinat oder Ronit gelegen hatte. Dieses Viertel war von vornherein als gehobenes Schöner-Wohnen-Projekt konzipiert worden. Die Leute, die hier eine Wohnung gekauft hatten, wollten ihr Leben aufwerten, hatten sich mit Krediten versklavt, Blut und Wasser geschwitzt und wofür? Damit ihnen irgendeine Rinat oder Ronit vom Balkon sprang und die Seele zerquetschte? Auch wenn die Frau eine Depression hatte, hätte sie mitkriegen können, dass sie nicht allein auf dieser Welt lebte und sich im Bett oder im Bad umbringen können, anstatt ihren Nachbarn auf den Kopf zu springen. »Ich will das nicht«, sagte sie zu Daniel. »Ich will nicht mehr hier wohnen. Ich kann in keinem Haus leben, wo sie vom Balkon runterspringen.«

»Beruhige dich, Schätzchen«, sagte Daniel und versuchte, sie zu streicheln. »Das ist nicht das Haus. Das ist eine einzelne Frau, die gesprungen ist. Die Arme. Das hat nichts mit uns zu tun.«

»Sie ist nicht arm«, entgegnete Romi aufgebracht. »Ich bin arm. Ich und du und deine Mutter. Dafür hat sie ihre Pension geopfert? Damit irgendeine Nachbarin, von der wir nicht mal wissen, wie sie heißt, sich direkt über unseren Köpfen umbringt?«

Schließlich hieß sie Sarit, und am nächsten Tag gingen Daniel und Romi zu ihrer Beerdigung. Romi hatte nicht gewollt, aber Daniel insistierte. Er sagte, sie bräuchten einen Abschluss, und aus seiner Sicht wäre das entweder das Begräbnis oder eine Paartherapie. Romi passte dieses Begräbnis ganz und gar nicht, aber Paartherapie klang für sie noch schlimmer, halb nach Schlammschlacht, halb nach Scheidung. Daniel gab die Adresse des Friedhofs ins Navi ein. Unterwegs redeten sie fast gar nicht, und als sie ankamen, bestand Daniel darauf, Blumen von irgendeinem Orthodoxen zu erstehen, der halb verwelkte Sträuße aus schwarzen Eimern verkaufte. Außer ihnen waren vielleicht zehn Leute zur Beerdigung gekommen, unter denen Romi nur den Reinigungsmann aus der Lobby erkannte, der mit raschem Schritt auf sie zutrat und sagte, dass sie gestern nicht auf die Polizei gewartet hätte und einfach gegangen wäre, sei wirklich daneben gewesen. Anstatt ihr zur Seite zu stehen und dem Reinigungsmann zu sagen, er solle sie in Ruhe lassen, nickte Daniel, »Sie haben recht, Sie haben recht«, worauf der Reinigungsmann wegging und einen Augenblick später mit einem alten Ehepaar mit geschwollenen Augen zurückkehrte. »Seht ihr?«, stellte er Romi den beiden Alten vor. »Das ist die Nachbarin, von der ich euch erzählt habe, die gesehen hat, wie eure Tochter gefallen ist.« Der alte Mann nickte und streckte seine Hand aus, und obwohl sie und Daniel es sehr genau nahmen mit den Kontaktbeschränkungen, drückten sie ihm beide die Hand. »Ich bin Pinchas«, sagte der Alte, »und das ist Zipora.« Und einen Augenblick später – vielleicht weil niemand sprach – fügte er hinzu: »Wir sind die Eltern von Sarit«, und in derselben Sekunde begann Zipora zu weinen. »Als sie fiel, konnten Sie sie sehen?«, fragte Pinchas Romi. »Ihr Gesicht sehen?«, Romi schwieg. Sie wusste nicht, was sie sagen sollte und hoffte, wenn sie lange genug schwieg, würde Daniel etwas sagen, das sie erlösen würde. Doch Daniel schwieg, alle schwiegen außer der Mutter, die weiterweinte.

In der Nacht war Daniel in Sekundenschnelle eingeschlafen und begann zu schnarchen. Romi lag fast eine Stunde wach im Bett, bis sie aufstand, sich einen Joint drehte und auf den Balkon hinaustrat. Ein Freund von Daniel hatte ihnen das Gras verkauft, es hatte einen süßlichen Geruch nach Keksen und war wirklich stark. Romi blickte über das Geländer nach unten und suchte die Stelle, an der diese Sarit auf dem Pflaster aufgetroffen war. Beim Begräbnis hatte der Reinigungsmann beschrieben, wie der graue Bürgersteig voller Blut gewesen war, aber jetzt, vom siebten Stock aus, sah alles ganz sauber und neu aus, und ein Junge und ein Mädchen standen auf der Stelle und knutschten.

Als Romi gesagt hatte, sie sei wütend auf diese Sarit, die beschlossen hatte, sich ausgerechnet über ihrem Kopf umzubringen, hatte Daniel ihr geantwortet, sie sei egoistisch und solle endlich mal begreifen, dass nicht alles, was auf der Welt passiere, etwas mit ihr zu tun habe. Aber als sie jetzt auf dieses Pärchen hinuntersah, das schon halb auf der gepflegten Hecke vor ihrem Gebäude vögelte, konnte sie den Gedanken nicht loswerden, dass es vielleicht durchaus etwas mit ihr zu tun hatte. Dass auch diese

Sarit vielleicht einmal geglaubt hatte, durch den neuen Geruch der Wände und den glänzend weißen Marmor in der Lobby würde ihr ein Neuanfang im Leben gelingen, und wie sie dann, als sie vom Balkon aus Romi sah, die im Trainingsanzug vom Café zurückkam, plötzlich von dem hochgelegenen Aussichtspunkt den Eindruck hatte, dass Romi glücklich war und eine perfekte Partnerschaft hatte, genau wie die beiden Pappbecher in ihrem Kaffeeträger. Und da konnte diese Sarit einfach nicht mehr und sprang, um ihr alles kaputtzumachen. Genauso wie sie sich jetzt schrecklich gerne auf dieses Liebespärchen hinuntergestürzt hätte, das dort unten geräuschvoll stöhnte, um ihnen die Lust auszutreiben.

Chinese Singles' Day

Heute Morgen hat meine Frau den Esstisch für die Küche, über den sie schon seit Monaten mit mir redet, im Internet 180 Dollar günstiger gefunden, als er in Israel kostet. Normalerweise ist der Preis im Netz höher als der in Israel, aber zu Ehren des Chinese Singles' Day gibt es 30 % Rabatt und man erhält sogar noch einen Babysitz gratis dazu. Für mich hört sich die ganze Sache nicht ganz koscher oder zumindest seltsam an. Ich meine, was soll denn ein chinesischer Single mit einem Babysitz anfangen? Meine Frau sagt, ich verstehe nichts von Marketing. Das Sonderangebot sei zwar zu Ehren der chinesischen Junggesellen, aber nicht *für* sie. Mir kommt das immer noch ein bisschen abseitig vor. Als ob man zu Ehren des internationalen Vegetarier-Tags Gratishamburger verteilen würde. »Das ist nicht dasselbe«, beharrt meine Frau. »Vegetarier sind gegen das Töten von Tieren, aber chinesische Junggesellen haben nichts gegen Kinder.« Sie ist echt gut im Argumentieren, meine Frau. Auf unserer Hochzeitsreise haben wir vom Deck eines Kreuzfahrtschiffs aus einen schlafenden Seehund am Strand gesehen, aber sie hat es innerhalb von knapp fünf Minuten geschafft, mich davon zu überzeugen, dass ich mich geirrt habe und es einfach der Reifen eines Lastwagens war.

»Gut«, sage ich, »lassen wir die Chinesen mal für den Moment. Was genau sollen wir mit einem Babysitz anfangen? Wir haben keine Kinder.«

»Man weiß ja nie«, erwidert meine Frau. »Und außerdem, sogar wenn wir ihn in den Müll werfen, sparen wir immer noch hundertachtzig Dollar.«

In den zwei Wochen, die es dauert, bis der Esstisch eintrifft, streiten wir nicht und zaubern auch kein Baby aus dem Hut. Als das Paket dann ankommt, feiern wir das mit einem privaten Abendessen zu Hause gemeinsam mit einem Paar, mit dem wir nicht sehr eng befreundet sind, das aber ein Baby hat. Das Baby heißt Nezach, was *Ewigkeit* bedeutet, denn seine Eltern sind sehr ambitioniert und lieben es, im großen Stil zu denken. Es weint und schreit den ganzen Abend. Nach dem Essen erzähle ich ihnen, wie wir den Babysitz als Geschenk zu dem Tisch dazubekommen haben und biete ihnen an, ihn mitzunehmen. Die Frau zögert. »Bist du sicher?«, fragt sie. »Und was ist, wenn ihr ihn plötzlich braucht?« Meine Frau sagt zu ihr, keine Chance, denn ich sei unfruchtbar, und ich gebe ihr Rückendeckung und lasse das Paar wissen, dass meine Frau nicht zu einer Adoption bereit ist, weil sie fürchtet, dass so ein adoptiertes Baby später dumm oder hässlich werden könnte. »Adoptieren ist nicht wie eine natürliche Geburt«, erkläre ich, »wo das Baby, das rauskommt, so … ihr wisst schon, so wie ihr wird.« Das Paar zögert immer noch, aber am Ende nehmen sie den Kindersitz mit und Nezach, der nicht aufhört zu heulen und zu sabbern.

In der Nacht träume ich, dass wir ein chinesisches Baby aus dem Internet bestellen, das der Lieferbote bei uns vorbeibringt, eingepackt in Plastikblasen. Das Baby im Traum ist wirklich schnucklig, und wenn es mich anschaut, murmelt es die ganze Zeit etwas, wie ein Mantra, das ich nicht verstehe. Meine Frau erklärt mir, dass das Baby »Papa« auf Chinesisch sagt, aber ich prüfe im Google-Übersetzer nach und entdecke, dass dieses Wort, das das Baby ständig wiederholt, »Kunde« bedeutet. »Sie sieht dir ähnlich«, sage ich im Traum zu meiner Frau. Tut sie nicht, sie ist Chinesin. Ich versuche nur nett zu sein.

Schlaflosigkeit

Drei Uhr morgens ist die Prime Time der Seele. Gleich fängt das Programm an, und wer weiß, was sie diesmal bringen, ist es da ein Wunder, dass du schwitzt? Manchmal strahlen sie Angst aus, an Wochenenden Depression, aber der wahre Hit ist dieses Gefühl, das den ganzen Körper erschauern lässt und einem die Kehle zuschnürt. Es ist nicht Glück. Wenn es Glück wäre, wüsstest du das. Über Glück hast du genug gelesen, um zu verstehen, dass es viel weniger wehtun sollte.

Neben dir im Bett zeichnet eine schöne Frau mit offenem Mund sanft einen perfekten Speichelring auf das Kissen. Du liebst sie bis in alle Ewigkeit, aber du weißt, am Ende wird sie sterben. Auch du wirst sterben, und mit ein bisschen Glück ein oder zwei Minuten vor ihr. Du warst nie gut in Verlusten, Tränen oder darin, all denen verständnisvoll zuzunicken, die ihr Beileid bekunden. Im Zimmer nebenan schnarcht ein neugieriger Junge, der noch nicht gelernt hat, was Angst ist, wie ein alter Mann, der am Baum seines Lebens sägt. Eine Frau und ein Kind schlafen in deiner Nähe, ebenso egoistisch und zornig wie jeder andere Mensch in der Stadt, aber sie gehören dir. Nicht im Sinne von Besitz, den man kauft oder sich nimmt oder erbeutet. Sondern wie Unkraut, das auf einmal aus dem Boden der Seele sprießt, aus den Ritzen auftaucht, planlos, ziellos. Es ist dort nicht zur Verschönerung, zur Zierde oder um einen blühenden Duft zu verströmen. Es ist nicht dort. Es ist da.

Du schließt die Augen, deine Lider verneigen sich dankbar vor den Göttern des Schlafs. In vier Stunden, wenn die Sonne scheint, wirst du wieder mit einer prachtvollen Morgenlatte aufwachen. Ziemlich erstaunlich, dass jemand in deinem Alter noch jeden Morgen mit einem so unbändigen Drang wach wird, die Welt zu ficken.

Zen für Anfänger

(für Tamara)

Als er die Lehrerin am Schluss der Yogastunde bezahlte, schenkte sie ihm einen langen, eingehenden Blick, und statt ihm zu danken oder ihn zu verabschieden, sagte sie zu ihm: »Du musst lernen loszulassen«. Gavri gab keine Antwort, sondern nickte nur. Es ärgerte ihn, dass sie so etwas zu ihm sagte, einfach so, mitten aus dem Nichts. Sie war Yogalehrerin, keine Psychotherapeutin oder ein Guru oder wie immer man das nennen mochte, und er kam zu ihren Stunden, um weniger an Rückenschmerzen zu leiden. Das war alles. Ende. Diese Lehrerin, Lital, war ziemlich pummlig, aber Gavri würde nie im Leben mit etwas wie »Du musst mit den Süßigkeiten aufhören« über sie herfallen. Die Leute wissen manchmal nicht, wo ihr Platz ist, dachte er sich, während er die Treppen in seinem Haus hinaufstieg, aber als er im dritten Stockwerk angelangt war, begann ihn etwas anderes zu irritieren. Auf der rechten Seite der

Etage, wo die Wohnungstür hätte sein sollen, befand sich die braune Holztür der Nachbarin Stella mit dem Schild »Familie Kirschner«, während seine bekannte weiße Tür, mit Omrikis Kindergartenzeichnung von einem Schiff und ihren Namen, Omriki, Mirit und seinem, darauf, jetzt auf der linken Seite war.

Gavri steckte zögernd den Schlüssel ins Schlüsselloch, und die Tür ging sofort auf. Im Wohnzimmer sangen Mirit und Omriki ein Kinderlied mit, und Omriki rannte ihm entgegen und schrie: »Papa! Die Kindergärtnerin hat heute einen Legowettbewerb gemacht, und ich hab gewonnen!«

»Mein kleines Genie«, sagte Gavri und wuschelte die Haare des Jungen. »Sag mal«, flüsterte er gleich darauf Mirit zu, »was ist das für eine Geschichte mit der Tür?« Mirit verstand nicht so recht, wovon er redete. »Sie ist auf der linken Seite«, erklärte Gavri, und als Mirit ihn fragend anstarrte, verlor er die Geduld. »Erinnerst du dich nicht, dass die Tür zu unserer Wohnung rechts war?«

»Nein«, erwiderte Mirit und lächelte entschuldigend, »du kennst mich doch, ich habe einen schrecklichen Orientierungssinn ...«

»Mirit«, versuchte es Gavri in dramatischem Ton. »Schau mich an, die Tür war ganz sicher auf der anderen Seite des Stockwerks, glaubst du mir das?«

»Ich glaub's dir ja«, lachte Mirit, wenn auch etwas gezwungen. »Ich glaub's dir echt. Aber warum machst du so ein großes Ding draus? Ist das wirklich so wichtig, auf welcher Seite vom Gang wir wohnen?«

Am Abend traf Gavri Stella, die Nachbarin, im Treppenhaus, und als er sie fragte, ob sie sich zufällig erinnere, auf welcher Seite des Stockwerks ihre Wohnung am Morgen gewesen sei, sah sie ihn an, als ob er verrückt geworden sei. Im Grunde, dachte sich Gavri nachts im Bett mit offenen Augen, ist es wirklich keine so große Sache. Und in immobilienmäßiger Hinsicht haben wir von dem ganzen Tausch nur profitiert, denn jetzt, wo die Wohnung nach hintenraus liegt, ist sie sogar mehr wert. Trotzdem fiel es ihm schwer einzuschlafen.

In seiner nächsten Yogastunde versuchte er, mit der Lehrerin ein bisschen Small Talk zu machen. Er sagte zu ihr, dass er infolge der Stunden mit ihr begonnen habe, über Buddhismus nachzulesen, und das sei sehr interessant. Sie nickte und meinte, dass tatsächlich jemand in ihrem Ausbildungskurs für Yogalehrer gesagt habe, dass das zusammenhänge, doch sie hätte es mehr mit der physischen Seite von Yoga und habe es noch nicht geschafft, sich in so etwas zu vertiefen. Als er nach dem Unterricht wieder in seiner Straße ankam, hatte er Schwierigkeiten, das Gebäude zu finden, in dem sie wohnten. Was merkwürdig war, denn all die Jahre hatte sich das Haus neben der Haltestelle der Buslinie 15 befunden, aber jetzt war es plötzlich zur anderen Straßenseite gewechselt. Omriki wartete im Wohnzimmer in einem

Piratenkostüm auf ihn, das ihm Mirit zu Purim gekauft hatte. »Na, was sagst du?«, jubelte Mirit. »Wir haben einen echten Piraten zur Welt gebracht.«

»Ho-ho-ho!«, schwenkte Omriki sein Plastikschwert. »Gib mir deine ganzen Schätze, oder ich verfüttere dich an die Haifische!«

»Bezaubernd«, sagte Gavri, »ganz zauberhaft. Nur sag mal, ist dir aufgefallen, dass ... unser Haus gewandert ist?« Mirit sah ihn mit besorgtem Blick an.

»Liebster«, flüsterte sie, »du fängst doch jetzt nicht wieder damit an, oder? Stella hat mir gesagt, dass du auch mit ihr darüber geredet hast ... über diese Sache mit den Verschiebungen. Das hat sie ziemlich aufgeregt, sie ist ja schon eine alte Frau und nicht mehr ganz gesund und ...«

»Nein, nein«, unterbrach sie Gavri, »es geht nicht um die Wohnung ... nur, unser ganzes Gebäude, das war einmal auf der Ostseite vom Platz, und jetzt ist es auf der gegenüberliegenden Seite. Ist dir das nicht aufgefallen, als ihr vom Kindergarten zurückgekommen seid?«

»Nein«, bekannte Mirit, »Ich hab nicht drauf geachtet. Warum? Ist diese Seite weniger gut?«

Als Gavri das nächste Mal von der Yogastunde zurückkehrte, war er den ganzen Nachhauseweg über angespannt. Diesmal hatte sich das Gebäude nicht bewegt, aber er entdeckte, dass ihre Wohnung jetzt im vierten Stock lag. Zuerst dachte er daran, mit Mirit darüber zu sprechen, doch er ließ den Gedanken rasch fallen. Er trat auf den Balkon. Jetzt, wo sie die Seite gewechselt hatten und ein Stockwerk höher geklettert waren, konnte man von hier aus das Meer sehen. Mirit kam ihm nach und brachte ihm ein Glas mit Diätcola, und dann saßen sie beide da und betrachteten schweigend die rote Sonne, die im Wasser zu verschwinden begann.

»Woran denkst du, Liebster?«, fragte Mirit und streichelte sein Gesicht.

»Ach, nichts weiter«, lächelte Gavri und legte seine Hand auf ihre Schulter, »an etwas, das mir die Yogalehrerin vor ein paar Stunden gesagt hat.«

»Willst du noch eine Cola?«, fragte Mirit. »Eine Kleinigkeit zum Naschen?«

»Danke«, sagte Gavri und seufzte, »ich brauche gar nichts mehr.«

Eichhörnchen

(für Dana und Omri)

Als Toms Großvater begriff, dass er dem Raucherkrebs, den er sich eingehandelt hatte, nicht lebend entkommen würde, bestellte er die ganze Familie ein und erklärte allen, dass er beabsichtige, sofort nachdem er gestorben sei, in einem anderen Körper wiedergeboren zu werden und zu Großmutter zurückzukehren. »Ich liebe euch alle«, sagte er zu den Familienmitgliedern, die sich um sein Bett versammelt hatten, »aber ehrlich gesagt, eine Inkarnation mit euch hat mir gereicht, und ich bin reif, mich von euch zu verabschieden und weiterzuziehen. Aber du«, sagte er und umschloss die verrunzelte Hand von Toms Großmutter, die an seinem Bett saß, »du bist meine ewige Liebe, und wir werden immer zusammen sein.«

Toms Großvater glaubte an Seelenwanderung. Er hatte so eine Theorie – wenn die Seele den Körper verlässt, vergisst sie fast alles, und deswegen muss man sie, wenn man sich dem Tod nähert, trainieren, sich an zwei Dinge zu erinnern: an einen Menschen, zu dem sie zurückkehren will, und an einen bestimmten Ort, zu dem sie sich wünscht zurückzukommen. Was den Menschen betraf, zu dem Toms Großvater zurückkehren wollte, brauchte er kein Training: Er dachte ohnehin ständig an Toms Großmutter. Und was den Ort betraf, so sagte er immer wieder zu jedem, der es hören wollte, wenn er im nächsten Leben zurückkäme, würde er auf der roten Bank draußen vor der radiologischen Station des Krankenhauses auf Großmutter warten. Auf dieser Bank saßen die beiden immer kettenrauchend, während sie auf die Bestrahlungen von Toms Großvater warteten, und wenn irgendein Arzt es wagte, sie anzusprechen und darauf hinzuweisen, dass er in seiner gesundheitlichen Verfassung doch besser nicht rauchen sollte, zwinkerte Toms Großvater Großmutter zu und entgegnete: »Und wenn ich weiterrauche, Herr Doktor, was kann noch Schlimmeres passieren? Krieg ich noch einen Krebs?«

Nachdem Toms Großvater gestorben war, fuhr Großmutter jede Woche zu der roten Bank beim Krankenhaus, um darauf zu warten, dass Toms Großvater in einem neuen Körper auftauchen würde, doch er kam nicht. Nach einem Jahr hörte sie mit den Besuchen auf, und einige Jahre danach zog sie in ein Altersheim. Dort lernte sie einen Witwer namens Chester kennen, und es entwickelte sich eine Art Liebesgeschichte zwischen ihnen. Chester, der fast achtzig war, wollte heiraten. Toms Großmutter war weniger angetan davon, doch Chester blieb beharrlich, und am Ende willigte sie ein, unter der Bedingung, dass die Zeremonie an jener roten Bank beim Krankenhaus stattfände, als eine Art Andenken an Toms Großvater.

Zu der Zeremonie kamen einschließlich des Priesters weniger als ein Dutzend Leute, darunter Tom, der gerade die Schule beendet hatte, aber noch nicht ins College ging. Es war eine Standardzeremonie, sogar ein wenig langweilig, bis zu dem Augenblick, in dem der Priester Chester fragte, ob er bereit sei, Toms Großmutter zur Frau zu nehmen. Bevor es dem aufgeregten Chester gelang zu antworten, schoss plötzlich, wie aus dem Nichts, ein riesiges Eichhörnchen herbei und biss ihm in die Hand. Der erschrockene Chester schrie vor Schmerz, und der Priester, der auf äußerst unchristliche Weise versuchte, dem flüchtigen Eichhörnchen einen Tritt zu versetzen, verlor das Gleichgewicht und fiel böse auf den Rücken – in Sekundenschnelle verwandelte sich die bescheidene Zeremonie in ein komplettes Chaos. Eine ganze Stunde lang kümmerte man sich um Chester und den Priester, bis man sie beruhigt hatte, und als der angeschlagene Geistliche versuchte, die Zeremonie fortzusetzen, stürzte das Eichhörnchen aus einer der Baumkronen und versuchte erneut, den armen Chester zu attackieren. Diesmal gelang es ihm zwar nicht, jemanden zu verletzen, Toms Großmutter jedoch hatte genug, und sie verkündete, dass die Hochzeit abgeblasen sei und sie Chester verlasse. Sie blieb bis zu ihrem letzten Lebenstag in dem Altersheim. Zweimal die Woche holte Tom sie dort mit dem Wagen seiner Eltern ab und fuhr sie zu der roten Bank beim Krankenhaus, wo sie auf das riesige Eichhörnchen wartete. Es kam nicht immer, das Eichhörnchen, doch wenn es kam, sprang es Toms Großmutter auf die Knie und kuschelte sich in ihrem Schoß ein, wie ein Baby, und so saßen sie stundenlang, ohne ein Wort.

Diese Geschichte erzählte Tom Naomi bei ihrer ersten Verabredung. Sie saßen in einem mittelmäßigen italienischen Restaurant in Urbana, Illinois, und Naomi, die von vornherein nicht begeistert von der Idee eines Blind Dates mit dem Bruder ihrer Arbeitskollegin, der einen Blog über die globale Erderwärmung schrieb, gewesen war, fragte sich, was das über Tom aussagte, wenn das Erste, was er ihr bei diesem Treffen erzählte, war, dass sein Großvater ein gewalttätiges und eifersüchtiges Eichhörnchen gewesen sei. Am Ende des Abends, als Tom sie nach Hause brachte, sagte sie zu ihm, er sei ja nett, aber es falle ihr schwer, sie sich beide zusammen vorzustellen. Tom lachte und sagte: »Du musst es dir nicht vorstellen, hier sind wir. Zusammen. Und wenn du morgen wieder mit mir ausgehst, werden wir wieder zusammen sein, ohne dass du dir irgendwas vorstellen brauchst.«

»Nein«, sagte Naomi, »ich meinte, dass ich mir nicht vorstellen kann, wie wir ... du weißt schon, so als Paar.«

Nach einem Moment verlegenen Schweigens sagte Tom: »Okay. Dann lass uns nicht versuchen, uns als Paar vorzustellen, sondern begnügen wir uns mit etwas Bescheidenerem: Du und ich bei mir, wie wir Bibimbap essen, das ich nach einem Geheimrezept der Mutter meines koreanischen Mitbewohners zubereitet habe.«

Am nächsten Tag kochte er für sie wirklich das beste Essen, das sie je im Leben gegessen hatte, und zeigte ihr seine verrückte Sammlung antiker Grußpostkarten, und sie saßen bis drei in der Früh zusammen und redeten.

Nach einem knappen Jahr heirateten sie, und ein paar Monate darauf wurde Naomi schwanger. Tom und sie hatten an Kinder nicht einmal gedacht, aber als es plötzlich passierte, hatten sie das Gefühl, als hätte ihnen jemand ein riesiges Überraschungsgeschenk gemacht, so eines, das neun Monate braucht, um es aus der Verpackung zu schälen.

Naomi begann, all die Dinge zu besorgen, die sie für das Baby brauchen würden, das sich in ihrem Bauch versteckte, und Tom holte seinen Werkzeugkasten aus dem Schuppen und fing an, für das Baby eine Wiege aus Eichenholz zu zimmern, die sie himmelblau streichen wollten. Eines Abends, als Naomi von der Arbeit zurückkehrte, fand sie Tom ohnmächtig neben der Wiege liegen. Bis der Krankenwagen eintraf, war er wieder bei Bewusstsein, doch im Krankenhaus stellte sich nach einer Reihe von Untersuchungen heraus, dass Tom an einem Gehirntumor litt. Hätte man ihn ein paar Monate früher entdeckt, wäre er noch zu entfernen gewesen.

Naomi weinte die ganze Nacht, während Tom seltsamerweise ganz ruhig blieb, sie zu trösten versuchte und sagte, sie sei das Beste, was ihm in seinem Leben passiert sei, und auch wenn er gerne noch achtzig Jahre mit ihr gelebt hätte – er sei nicht unersättlich und zutiefst dankbar für das Glück, das er in den letzten eineinhalb Jahren mit ihr erlebt hatte.

»Aber ich bin unersättlich«, erwiderte Naomi unter Tränen, »und ich bin nicht bereit, auf dich zu verzichten, hörst du? Ich bin nicht bereit, dass du stirbst und mich mit dem Baby und einem Haufen zerplatzter Träume allein zurücklässt.«

Die Ärzte sagten, Tom habe noch maximal drei Monate zu leben und werde sterben, bevor ihr Kind zur Welt käme, und dass es nichts auf der Welt gäbe, das sie tun könnten, doch Naomi hatte eine Idee. Sie schleifte die fast fertige Wiege, die Tom gebaut hatte, ins Schlafzimmer und sagte zu ihm, sie wolle, dass er von jetzt an, bis er diese Welt verlasse, diese Wiege anschaue und sich erinnere – an die Wiege und an sie. Genau wie sich Toms Großvater an die rote Bank beim Krankenhaus und an Toms Großmutter erinnert hatte. »Du wirst dich erinnern und nach dem Tod zurückkommen«, sagte sie mit zitternder Stimme, »genau wie er. Du kommst zurück, und wir werden das ganze Leben zusammen sein.« Tom nickte, und als sie auf ihn zuging und ihn umarmte, sah sie, wie traurig er war. Das war das einzige Mal, dass Naomi ihn so tieftraurig sah.

Tom Junior wurde zwei Wochen nach dem Tod seines Vaters geboren. Seine grünen Mandelaugen hatte er von Naomi geerbt, doch das Lächeln stammte mit Sicherheit von seinem Vater, und wenn er lächelte, konnte sich Naomi des Gefühls nicht erwehren, dass Tom nie gegangen war, dass er sich einfach hier bei ihnen befand. Aber dann begann die ganze Angelegenheit seltsam zu werden. Denn jedes Mal, wenn Tom Junior gestillt wurde, sah er sie nicht an wie ein Kind seine Mutter, sondern wie ein Mann, der die entblößte Brust einer Frau betrachtet. Sein Blick und die Berührung seiner Lippen verwirrten sie, das Ganze wurde quälend und führte dazu, dass sie sich selbst hasste und schuldig fühlte. Es ist nicht normal, die Mutter eines Babys zu sein, das abwechselnd dein Kind und die Liebe deines Lebens ist, und Naomi hatte das Gefühl, dass sie langsam den Verstand verlor.

Als sie das alles Toms älterer Schwester erzählte, schaute die Schwester sie entgeistert an. »Dieser ganze Aufruhr«, sagte sie zu Naomi, »dieser ganze Wahnsinn, alles bloß wegen dieser blöden Geschichte von Großvater und dem Eichhörnchen?« Und Toms Schwester erzählte ihr, dass sie die Geschichte natürlich kannte, sogar dabei war, als das riesige Eichhörnchen Chester biss, aber es war nicht ihr Großvater, sondern nur ein dickes, wütendes Eichhörnchen. Der einzige Grund, weshalb die Hochzeit abgeblasen wurde, war, dass ihre Großmutter Chester nicht wirklich liebte und dachte, er sei ein Jammerlappen. Der ganze Rest, konstatierte Toms Schwester, sei bloß Folklore und Vorwand. »Du musst dich davon befreien«, sagte sie zu Naomi. »Tom ist tot, aber du hast noch ein ganzes Leben vor dir: ein Kind großziehen, Männer kennenlernen, neue Orte besuchen. Du bist noch jung und neugierig und lebendig, begrab dich nicht mit ihm.«

Noch am gleichen Tag kaufte Naomi Tom Junior eine billige Plastikwiege im Walmart. Die Holzwiege sperrte sie in den Geräteschuppen im Hof, das half. Langsam und allmählich ließ sie all die fantastischen Gedanken über Toms Seele los, die in Tom Junior wiedergeboren worden war, und gewann im Gegenzug ein wunderbar liebenswertes, süßes Kind. Nach ein paar Monaten lud sie sich sogar Tinder herunter. Sie benutzte es nie, doch die bloße Existenz auf dem Display ihres Smartphones stellte eine Art zukünftiges Versprechen dar, dass sie vielleicht irgendwann Liebe finden würde.

Der erste Mann, mit dem sie nach Toms Tod ausging, hieß Sascha. Er sprach sie in der Schlange vor dem Geldautomaten an, und obwohl er komplett tätowiert war und nicht wie ihr Typ wirkte, gab sie ihm ihre Telefonnummer. Nicht nur weil er lustig war, sondern auch weil sie sich daran erinnerte, dass sie bei Tom, als sie sich das erste Mal trafen, genauso gedacht hatte, er sei nicht ihr Typ. Die Beziehung zwischen ihr und Sascha entwickelte sich langsam, und das war ihr recht so. Sascha, der ein Tattoo-Künstler war und die ganze Woche über wie ein Wahnsinniger arbeitete, kam hauptsächlich am Wochenende zu ihr. Er brachte Tom Junior das Zeichnen bei, und sie saßen Stunden zusammen in der Küche und zeichneten Roboter und Drachen. Als Naomis Geburtstag näher rückte, schlug Sascha vor, ihr ein Tattoo zum Geschenk zu machen. Zunächst lehnte Naomi ab. Sie erklärte, welche Entscheidung auch immer sie jetzt darüber treffen würde, was sie momentan wolle und ihr gefiele, sie würde sie ganz sicher in einem Jahr bereuen. Aber Sascha ließ nicht locker, und Tom Junior, der dabei war, sagte: »Denk gut nach, Mama. Ganz bestimmt gibt's was, das dir Sascha tätowieren kann und das du immer magst: ein Eis, ein Skateboard, ein Hotdog mit viel Senf.«

»Hast du gut getroffen«, sagte Sascha lächelnd. »In Würstchen-Tattoos bin ich wahrscheinlich die Nummer eins im ganzen Land.« Naomi erwiderte sein Lächeln und sagte zu Tom Junior, dass sie Hotdogs jetzt nicht so besonders liebe, aber es gebe sicher etwas anderes. Sie würde nachdenken. Vielleicht ein Eichhörnchen. »Du hast Glück«, sagte Sascha, »in Eichhörnchen bin ich auch gut.«

Das Leben: Eine angebrachte Enthüllung

Leben ist die einfachste Sache der Welt. Deine Mutter presst, und von der anderen Seite der Gebärmutter zieht jemand im weißen Kittel. Du plumpst heraus, und ein anderer schneidet dir die Nabelschnur durch. Du fängst an zu weinen. Das Licht ist zu stark. Luft dringt in die Lungen. Luft tritt aus. Luft geht hinein. Luft kommt heraus. Rein. Raus. Wie einfach und leicht. Kein Gedanke, keine Sorgen. Du lebst.

Leben ist das Leichteste von der Welt. Überleben, das ist schon eine andere Geschichte. Sie überfallen dich mit Mistgabeln, sie attackieren dich mit Knüppeln. Sie bekämpfen dich mit Äxten, mit Krankheiten, mit Autos. Sie kommen dir mit Tsunamis, mit Erdbeben, mit einem Schlaganfall daher. Mit einem bösartigen Tumor, mit einem gutartigen Tumor, einem bösartigen Tumor, einem gutartigen Tumor, einem bösartigen Tumor. Da lass mal sehen, wie du da lebend davonkommst.

Und wenn es dir einstweilen irgendwie geglückt ist zu überleben, dann ist es an der Zeit, den Schwierigkeitsgrad zu erhöhen und zu versuchen, dich auch zu kümmern: um eine jaulende Katze im Hof, ein schreiendes Baby auf dem Nachbarbalkon, um einen wimmernden Obdachlosen am Bürgersteig gegenüber. Ich weiß, das ist nicht leicht. Überleben ist wenigstens intuitiv: Ein Bär verfolgt dich, du flüchtest, aber dich um etwas kümmern, Anteil nehmen? Das ist für Fortgeschrittene: zu versuchen, zwischen zwei fremden Menschen zu vermitteln, die auf der Straße streiten, dein Salamibrot, das du dir am Morgen für die Arbeit gemacht hast, dem Mann mit dem löchrigen Hemd zu geben, der dir hungrig zu sein scheint. Dich plötzlich daran zu erinnern, dass diese Salami eigentlich aus den dünnen Scheiben einer Kuh besteht, die nicht sterben wollte. Zu verstehen, dass du nur ein Teil von etwas Größerem bist, Teil einer riesigen, blutenden menschlichen Wunde. Dass es für diese Krankheit der Anteilnahme kein Heilmittel gibt und nie geben wird.

Tod ist eine Tatsache. Die offene Frage ist nur, wie und wann: in der Wiege, durch Ertrinken, wegen einer undefinierbaren Krankheit, betrunken auf dem Nachhauseweg von der Bar, durch einen Verkehrsunfall auf der Ajalon-Schnellstraße. Er kommt, und es ist fast schon überraschend, wie vorhersagbar das ist. Er kommt. Und sofort danach – Stille.

Hypothetische Frage
(für die geliebte Nurit)

»Wenn wir auf einer einsamen Insel stranden würden und nichts zu essen hätten und du tot wärst«, sagte der Mann, der nackt im Bett lag, »würde ich dich nie im Leben, ich meine wirklich niemals, essen. Ich würde neben deiner Leiche liegen, krank vor Kummer und vom Hunger geschwächt, tagelang, aber der Gedanke würde mir nicht einmal in den Sinn kommen.«

»Ich würde dich essen, und zwar schnell«, sagte die Frau und küsste ihn, »wenn deine Leiche noch warm ist, bevor das Fleisch verfault.«

»Was?« Der Mann rückte von ihr ab und setzte sich im Bett auf. »Ist das dein Ernst? Wie kannst du so etwas überhaupt sagen? Was für eine Art Mensch kann das Fleisch essen, das ... das pulsierende Herz, das keine einzige Sekunde lang aufgehört hat, dich zu lieben?«

»Zunächst einmal«, erwiderte die Frau lächelnd, »wird es nicht pulsieren, weil es ja schon tot ist. Und außerdem, ich würde nie im Leben das Herz essen. Ich glaube, ich würde mehr zu deinem knackigen Po tendieren ...«

»Hör auf damit«, empörte sich der Mann. »Das ist nicht witzig.« Er stand auf und ging ins Wohnzimmer, nackt.

»Ich mache keinen Witz!«, rief ihm die Frau hinterher. »Ich würde deinen Hintern essen. Das soll der saftigste Teil sein.«

Die Tränen begannen ihm die Kehle hinaufzusteigen. Er hasste dieses Gefühl. Es führte dazu, dass er sich wie ein kleiner Junge fühlte: verloren, machtlos, hilflos. Aber die Situation war wirklich extrem. Nicht jeden Tag sagt dir deine Frau, ohne mit der Wimper zu zucken, dass sie deine Leiche essen würde.

Die Frau folgte ihm ins Wohnzimmer.

»Ich kann nicht glauben, dass so etwas aus deinem Mund kommt«, zischte der Mann und setzte sich auf das Sofa. »Das ist schlimmer, als wenn du mich mit einem anderen Mann betrügen würdest.«

»Aber wieso denn?«, fragte die Frau und setzte sich ebenfalls auf das Sofa, aber ein Stück entfernt von ihm. »Ich betrüge dich doch nicht oder so was. Du bist schon tot, und wenn ich dich esse, ist das nur, damit ich mich weiter am Leben erhalte und damit unsere Liebe ...«

»Unsere Liebe?«, explodierte der Mann. »Menschen erhalten ihre Liebe nicht ›am Leben‹, indem sie ihre Partner fressen. Menschen sind nicht dazu bestimmt, ihre Liebe zu kauen, zu schlucken und sie dann auszukacken.«

»Du verstehst nicht«, sagte die Frau. »Ich würde dich essen, um zu überleben, und solange ich überlebe, wird auch unsere Liebe weiterleben ...«

»Igitt«, entgegnete der Mann. »Jetzt krieg ich dieses Bild nicht mehr aus dem Kopf: Du, wie du die Zähne in mein Fleisch schlägst. Ich bin tot, und statt mich zu begraben, zerlegst du mich wie ein Hühnchen ...«

»Genug jetzt.« Die Frau rückte näher zu ihm und versuchte, ihn zu umarmen. »Du übertreibst schon wieder. Das ist nichts, was passiert ist, das ist doch nur ...«

»Fass mich nicht an!« Der Mann stieß sie weg, und ihr Kopf schlug gegen die Wand hinter dem Sofa. Es war kein wirklich gravierender Aufprall, es blutete nicht mal, doch sie sprang sofort auf und ging ins Schlafzimmer, und als er ihr nachkam, um zu sehen, ob alles in Ordnung war, stand sie da und packte ihre Sachen in seinen blauen Rucksack, den er für Dienstreisen benutzte.

»Was machst du?«, fragte er.

»Es reicht«, antwortete sie mit tränenerstickter Stimme, »ich kann nicht mehr. Ich gehe zu meiner Mutter.«

»Was soll das heißen, zu deiner Mutter?«, fuhr er sie an. »Erst sagst du zu mir, wenn ich sterbe, dann isst du meine Leiche, und in dem Moment, in dem ich nicht begeistert zu dir sage: ›Was für ein Spaß‹, stehst du auf und gehst zu deiner Mutter?«

»Du hast mir wehgetan«, murmelte sie, während sie weiter packte. »Ich will das nicht mehr. Diese ganzen Wutanfälle wegen nichts ...«

»Wegen nichts?«, fuhr der Mann dazwischen. »Das nennst du nichts? Du hast etwas Verletzendes zu mir gesagt, vielleicht das Schlimmste und Verletzendste, das jemand zu seinem Partner sagen kann.«

»Schluss jetzt«, sagte die Frau. »Ich habe genug von deinen ganzen hypothetischen Opferspielchen. Du bist noch nicht tot, und keiner isst dich. Du bist lebendig, kontrollsüchtig und gewalttätig, und mir reicht es jetzt, gut? Hör einfach auf.«

»Ich und gewalttätig?«, lachte der Mann höhnisch. »Du sagst, dass du meine Leber auffrisst und ich bin gewalttätig?«

»Lass es«, sagte die Frau und berührte ihren Kopf an der Stelle, wo er an die Wand geprallt war. »Ich will nicht mal mehr weiter darüber reden. Es ist aus, verstehst du? Einfach Schluss.«

»Du gehst nirgendwohin, bevor wir dieses Gespräch nicht beendet haben«, sagte der Mann in einem Ton, der bemüht drohend klang, ging zur Wohnungstür und sperrte sie ab.

»Doch, werde ich«, sagte sie. Sie hängte sich den blauen Rucksack über die Schulter, und als sie auf die Tür zuging, fügte sie hinzu: »Such dir eine, die gehorsamer ist, um mit ihr auf einer einsamen Insel zu stranden.«

•

Das dumpfe Klopfen an der Tür hörte nicht auf. Der Mann, der auf einem Stuhl in der Küche saß, versuchte sich zu erinnern, wann es eigentlich angefangen hatte. Die Frau lag auf dem Boden, neben der Spüle, in einer Blutlache. Der Mann hörte den Nachbarn von gegenüber im Treppenhaus rufen: »Hallo, was ist da los, alles in Ordnung?« Er betrachtete sie und versuchte, auch die leiseste Bewegung an ihrem Körper auszumachen: ein Blinzeln, eine Brust, die sich hob und senkte, ein Flattern. Sie regte sich nicht. Und mit einem Mal, mitten aus dem Nichts, spürte er den Hunger, wie eine Faust im Bauch. Sie hatten seit gestern Abend nichts gegessen. Er öffnete den Kühlschrank, doch außer einer Milch, einem halbleeren Glas Essiggurken und ein paar Eiern, deren Haltbarkeitsdatum abgelaufen war, befand sich nichts drin. Das Klopfen an der Tür wurde heftiger. Er blickte sie wieder an, wie sie reglos auf dem Boden lag. Er hätte sich nicht einmal im Traum vorstellen können, sie zu essen.

Gesundheitszigarette

Manchmal frage ich mich, wie viele der Menschen, die ich kenne, schon einmal jemanden getötet haben. Ich rede nicht von Mord. Ich meine damit, wie viele von ihnen haben jemanden überfahren oder das Baby im Auto vergessen oder irgendeiner Großmutter versehentlich das falsche Medikament gegeben. Es gibt sicher eine Menge. Die Leute sterben haufenweise, in einem fort. Und jemand muss sie schließlich töten. Nicht alle, aber einen Teil. Und trotzdem, wenn ich an all die Menschen denke, die ich in den vierzig und noch was Jahren meines Lebens auf diesem Planeten kennengelernt habe, kenne ich keinen außer mir, der jemanden getötet hat. Vielleicht verheimlichen es die Täter, oder sie denken einfach nicht so viel dran wie ich; vielleicht ist diese ganze Sache für sie bloß etwas, das eben irgendwann einmal passiert ist, wie ein Junggesellenabschied oder eine Leistenbruch-OP oder ein verunglückter Asientrip nach dem Militärdienst.

Ich weiß nicht, wie der Mann hieß, den ich getötet habe. Er war ein syrischer Soldat, und ich war ein israelischer Soldat, und es war Krieg. Ich sage das nicht zu meiner Verteidigung, sondern nur um die Situation klarzustellen. Es geschah im Südlibanon, in der Nacht. Wir standen ungefähr sieben Meter auseinander. Er versuchte, mich als Erstes zu erschießen, aber seine Kalaschnikow blockierte. Danach versuchte ich ihn zu erschießen, aber auch mein Gewehr klemmte. Ich zog das Magazin heraus, spannte den Abzug zweimal – und eine Kugel entwich aus der Patronenkammer. Die ganze Zeit über sah ich zu dem syrischen Soldaten hin, der genau das Gleiche machte. Mir war klar, dass es in dieser Situation, in der er mir so nahe war, das Richtige gewesen wäre, meine Waffe als Keule zu benutzen, mich wutentbrannt auf ihn zu stürzen und zu versuchen, ihm den Schädel zu zertrümmern. Auch er dachte offenbar dasselbe, doch anstatt aufeinander loszugehen, umklammerten wir weiter unsere blockierten Waffen wie Rettungsplanken. Ich schob das Magazin wieder hinein, spannte das Gewehr und legte es an der Schulter an, schloss ein Auge und nahm ihn ins Visier. Der syrische Soldat mir gegenüber tat genau dasselbe. Sein erschrockenes offenes Auge blickte in mein erschrockenes offenes Auge. Ich setzte an, den Abzug zu ziehen, aber der syrische Soldat kam mir um den Bruchteil einer Sekunde zuvor. Ich hörte ein Klicken. Seine Waffe war noch immer blockiert.

Mein Gewehr funktionierte wieder. Der Schuss war ohrenbetäubend. Sein Gesicht verspritzte Blut. Ich wachte auf.

•

Wenn Rivki zu einem ihrer Kontrollbesuche kommt, besteht sie immer darauf, meine Mutter mit öden Fragen zu testen – »Wie hießen deine Eltern?«, »Wie viele Jahre bist du schon in Israel?« oder »Wie heißt die Präsidentin des Obersten Gerichtshofs?« Rivki sagt, diese Fragen seien wie ein Fitnesstraining fürs Gehirn, aber mir, als außenstehendem Zuschauer, kommt es so vor, als hätte das Gehirn meiner Mutter schon seit langem nichts mehr mit Gymnastik am Hut.

Diesmal fragt sie meine Mutter bei ihrem Besuch: »Weißt du, in welcher Straße du wohnst, meine Liebe? Erinnerst du dich, in welcher Stadt du lebst?« Als ob sie ein kleines Mädchen wäre.

»So ungefähr«, antwortet meine Mutter und lächelt sie milde an. »Und du? Weißt du, wo du wohnst?« Rivki lacht und sagt, sie wohne in Ramat Gan, und dann zeigt sie auf sich selbst und fragt meine Mutter, ob sie sich erinnere, wie sie heiße.

»Ruthke?«, probiert es meine Mutter. »Heißt du Ruthke?«

»Fast«, sagt Rivki und streichelt die blasse Hand meiner Mutter, »fast. Und er?« Sie zeigt auf mich.

»Weißt du, wer er ist?« Meine Mutter sieht sie betreten an.

»Er?« Sie zuckt die Achseln. »Er ist immer da.«

Bevor Rivki geht, möchte sie noch allein mit mir reden. Sie sagt, sie findet, dass sich der Zustand meiner Mutter verschlimmert hat, was sie beunruhigt, und darum bittet sie mich, einen Termin beim Geriater auszumachen. Ich versuche ihr zu erklären, dass meine Mutter nicht gerne in die Poliklinik geht, und dass sie sich nicht mehr erinnern kann, ist zumindest aus meiner Sicht eine Art Segen, denn wenn du eine einsame Witwe ohne Enkel mit einem gestörten, arbeitslosen Sohn bist, ist es vielleicht von Vorteil, sich nicht zu erinnern. Rivki schenkt mir einen erzieherischen Blick und sagt im strengen Ton einer Kindergärtnerin, wenn ich mich als »gestört und arbeitslos« definiere, würde ich meine Existenz schmälern, ich sei viel mehr als das. Ich frage sie, was es denn mehr an mir geben solle – ich frage nicht, um zu streiten, sondern ich will es wirklich wissen –, worauf Rivki antwortet, ich sei ein guter Mensch, ein Mensch, der sich um seine Mutter kümmert, was, wovon sie als Sozialarbeiterin ein Lied singen könnte, nicht immer der Fall sei. »Ich weiß, dass die Scheidung schwer für dich war«, sagt sie, »und dass du eine psychiatrische Diagnose hast, dass du in der Armee ein Trauma ...«

»Ich habe jemanden getötet«, falle ich ihr ins Wort. »Das ist kein Trauma. Das ist, was Soldaten machen sollen. Ich habe sogar eine Auszeichnung dafür gekriegt.«

»Ich weiß«, erwidert Rivki. »Deine Mutter hat mir erzählt, dass es eine Zeremonie beim Generalstabschef gab und ...«

»... dass ich nicht hingegangen bin«, unterbreche ich sie wieder. »Hat sie dir auch das erzählt?«

»Auch das«, Rivki nickt, »auch das. Ich weiß so ungefähr alles über dich, vom Kindergarten an. Deine Mutter hat immer gerne geredet. Aber ihre kognitive Verfassung verschlechtert sich. Sie muss zur Untersuchung.«

Nachdem Rivki gegangen ist, mache ich einen Pfannkuchen für meine Mutter. Wenn ich ihr etwas Gutes tue, isst sie immer ganz schnell, stopft sich den Mund voll, ohne überhaupt Luft zu holen, als ob ich ihr im nächsten Moment den Teller wegschnappen würde. »Langsam, Mama«, sage ich zu ihr, »iss langsam. Ruhig. Der Pfannkuchen wartet auf dich. Der geht nirgendwohin.« Aber das hilft nicht. Wenn es ihr schmeckt, schlingt sie alles in Sekundenschnelle runter. Deswegen bekommt sie von mir den Pfannkuchen erst dann, wenn Rivki weg ist, damit sie sich nicht schämen muss.

»Wie hat die eine geheißen, die vorher da war und Fragen gestellt hat?«, fragt meine Mutter plötzlich.

»Rivki«, antworte ich, »sie heißt Rivki. Aber das ist wirklich nicht so wichtig.«

»Das ist wichtig«, entgegnet meine Mutter und

sieht mich an. »Das ist sehr wohl wichtig, und es tut mir leid, dass ich vergessen habe, wer du bist. Die Gedanken kommen mir manchmal durcheinander, aber das heißt nicht, dass ich dich nicht liebe.«

»Ich weiß, Mama«, sage ich und beuge mich hinunter, um ihre warme Wange zu küssen, »ich weiß.«

Am Abend drehe ich meiner Mutter eine »Gesundheitszigarette«. Das ist unser Codename für Joints. Meine Mutter hat ihren ersten Joint mit einundachtzig geraucht. Es war ein paar Monate, nachdem ich wieder bei ihr eingezogen war. Jeden Abend setzten wir uns in den Hof und rauchten das scheußliche, mit Dreck versetzte Gras, das mir Nathan, der Sohn der Nachbarn, immer billig verkauft. Während wir rauchten, meckerte meine Mutter immer, das Gras würde ihr Kurzzeitgedächtnis ruinieren, und das sei schade. Und ich versuchte immer herauszufinden, um welche Sachen, die in der letzten Zeit passiert waren, es ihr leidtat, sie zu vergessen: Dass Papa ohne irgendeine Vorwarnung an einem Herzinfarkt gestorben war und sie völlig allein in ihrer Gartenwohnung in Ra'anana zurückgelassen hatte? Dass mich Natalie für eine junge Produktdesignerin mit Asperger, die in ihrer Firma arbeitete, verlassen hatte? Oder vielleicht, dass ich in den sieben Monaten, nachdem sie weg war, zehn Kilo zugenommen hatte und jetzt aussah wie ein Kartoffelsack?

Seit dem Tag, an dem meine Mutter angefangen

hat, Gras zu rauchen, hat sich ihre Stimmung gebessert, oder vielleicht auch nicht, vielleicht ist sie nur ein bisschen betäubt worden durch das Rauchen. Einmal, als wir geraucht haben, verzog meine Mutter das Gesicht, machte die Augen zu und sagte: »Was für ein unerträglicher Schmerz! Weißt du, welcher Teil meines Körpers am meisten wehtut?« Als ich sie fragte, welcher, schaute sie mich mit einem glasigen, entschuldigenden Blick an und bat mich, ihr zu sagen, worüber wir geredet hatten.

»Ich habe dich gerade gefragt, was du zum Nachtisch willst«, antwortete ich.

»Hmmm ...«, reagierte meine Mutter sehr interessiert, »gibt's Eis?«

»Klar gibt's Eis«, sagte ich und ging zum Kühlschrank und schwupps! – innerhalb weniger Sekunden wurde aus dem unerträglichen Schmerz ein Becher Pistazieneis, garniert mit bunten Schokolinsen.

»Es tut mir leid wegen heute«, sagt meine Mutter und reicht mir die Gesundheitszigarette. »Vielleicht sollte ich wirklich besser zum Arzt gehen.«

»Okay«, antworte ich und ziehe an dem Joint, »wenn du das willst, bring ich dich hin. Nur sag mir vorher, weißt du, wer ich bin?«

»Du?« Meine Mutter blickt mich verwirrt an, und ich fühle mich wieder schuldig. »Nicht so ganz«, seufzt sie. »Ich weiß, dass du mich liebst und dass ich dich liebe, ist das nicht genug?«

Und wer weiß besser als wir

Der Mann, der im Café mir gegenübersaß, redete ununterbrochen. Er war Amerikaner, und er erzählte mir, dass er drei Bücher geschrieben hatte, von denen eines einen sehr bedeutenden internationalen Preis gewonnen hatte, von dem ich noch nie etwas gehört hatte. Er redete schnell, als ob er zu viele Dinge zu sagen hätte und alle bewältigen müsste, und jeder zweite Satz von ihm begann mit: »Und wer weiß besser als wir ...« Das gab mir das Gefühl, als wären wir ein Wesen, siamesische Zwillinge, die zwar unabhängig voneinander mit den jeweils eigenen Armen winken konnten, aber ein einziges großes, schmerzendes Herz gemeinsam hatten, das wie ein riesiges Metronom schlug, das nur er und ich hören konnten.

»Und wer weiß besser als wir«, sagte er wieder, »dass ein kreatives Werk alles in allem ein Ablenkungsmanöver ist. Die Vortäuschung einer lebensprallen, karnevalistischen Realität, die uns von der tatsächlichen kalten, enttäuschenden und seelenlosen Wirklichkeit ablenken soll.«

Der amerikanische Schriftsteller hatte kreatives Schreiben an einer renommierten Universität im Mittleren Westen studiert und dort mit Auszeichnung abgeschlossen. Er hatte eine Familie gegründet, ein Kind in einem grauenvollen Verkehrsunfall verloren, sich scheiden lassen, war zum Judentum übergetreten und wieder ausgetreten und hatte sich einer weltweiten gesellschaftlichen Bewegung angeschlossen, die für Minimalismus stand. Er erzählte mir stolz, dass sich nur zwei Paar Unterhosen und ein Schreibstift in seinem Besitz befänden. »Ein Mensch sollte immer noch ein Paar Unterhosen zum Wechseln dabeihaben, aber ein Stift?« Er zwinkerte mir zu. »Einer ist mehr als genug.«

Ich sagte ihm, dass ich mit dem Computer schreiben würde, und er schüttelte kummervoll den Kopf. »Das versetzt dich in eine Position von Schwäche«, warnte er. »Ein Stift ist ein Stift, aber ein Computer bedeutet Strom, technischer Support, Softwareupdates und noch alle möglichen Dinge, die zwischen dir und deinem Werk stehen können.« Ich nickte. Vielleicht war es wirklich besser, mit einem Stift zu schreiben. »Wenn die Frage nicht zu persönlich ist«, fuhr er mit sanfter Stimme fort, »wie viel Paar Unterhosen hast du im Schrank?« Ich gab zur Antwort, dass ich mich nicht erinnerte. Ich wusste, dass ich mindestens zwanzig hatte, aber ich hatte

Angst, damit herauszurücken. Ich fürchtete, dass es zwischen uns stehen könnte.

»Schau, was für ein Sonnenuntergang«, sagte der amerikanische Schriftsteller zu mir und deutete über meine rechte Schulter. Der Höflichkeit halber drehte ich mich um. Die Sonne begann gerade im Meer zu versinken. »Ich und du, wir beide sind Glückskinder«, sagte er. »Denk mal daran – während der Durchschnittsmensch die Schönheit des Sonnenuntergangs nur für einen kurzen Moment erlebt, können wir, du und ich, uns mit Hilfe des Schreibens diese Schönheit für immer bewahren.« Es war wirklich ein wunderschöner Sonnenuntergang, aber mein Nacken begann zu schmerzen.

»Ich werde über diesen Sonnenuntergang schreiben«, erklärte der amerikanische Schriftsteller in einem resoluten Ton, der fast wie eine Drohung klang.

»Ich auch«, sagte ich, »ich auch.« Schon da wusste ich, dass meine nächste Geschichte von jemandem handeln würde, der einen steifen Nacken bekommt.

Erdbeben

(für Diego)

Zwei Tage nachdem Gabriela und ich uns getrennt hatten, trat ich der freiwilligen Bürgerwache bei. Als wir zusammenlebten, hatten wir eine klare Aufteilung. Ich kümmerte mich um die bürokratische Seite des Daseins – Banken, Steuern, Stromrechnungen und sonstige Nebenkosten – und Gabriela war für alles verantwortlich, was mit Großzügigkeit und Nächstenliebe zu tun hatte: Straßenkatzen füttern; der alten Paula mit den blauen Haaren behilflich sein, die ein Stockwerk unter uns wohnte; am Morgen ein Sandwich mehr mit Wurst und Gurken für den obdachlosen Stummen an unserer Straßenecke herrichten. Manchmal hätte ich ihr gern vorgeschlagen, auch mal zu tauschen, auch nur für eine Woche, und während sie zur Bank gehen würde, um unsere Hypothekenrückzahlungen zu verhandeln, würde ich mit verträumtem Blick durch die Straßen wandern und gute Taten vollbringen, aber ich sagte nichts. Nicht einmal, als wir unsere hässlichsten Auseinandersetzungen hatten. Ich wusste, dass Gabriela für harte Gespräche mit dem stellvertretenden Direktor unserer Bankfiliale, einem Albino, genauso wenig geeignet wäre, wie es mir an Talent für gute Taten fehlte. Aber da ich jetzt allein war, ging neben dem täglichen Kampf ums Überleben auch die ganze Sache mit dem gesellschaftlichen Beitrag in meine alleinige Verantwortung über, und mich ehrenamtlich für die freiwillige Bürgerwache zu melden, löste vielleicht nicht alle Probleme in Mexiko City, aber es schloss die Lücke in meinem Gewissen.

Unsere gemeinsame Wohnung verkauften wir an ein adrettes Paar mit vier höflichen und hübschen Kindern. Als wir sie kauften, dachten wir, dass auch wir einmal viele Kinder haben würden, und beharrten deswegen auf einer großen Wohnung. Aber rasch waren wir viel zu beschäftigt mit Arbeit und Streiten, und das Thema Kinder wurde vertagt. Trotzdem verging in den drei Jahren, die wir verheiratet waren, nicht ein einziger Tag, an dem ich mich nicht selbst dafür hasste, dass ich Gabriela nicht gedrängt hatte, ein Kind zu bekommen. Ich glaube, im tiefsten Herzen wollte ich lieber ein Kind von ihr, als mit ihr zusammen zu sein, ein lebendiges Wesen, das die Schönheit, die Lebensbejahung und die Großzügigkeit von ihr mitbekommen würde, aber trotzdem auch etwas von mir hätte, eine Art schöne, erträgliche Version meiner selbst.

Das gepflegte Paar, das unsere Wohnung kaufte, nahm mich bis aufs Blut aus. Die Frau stritt mit mir um jeden Peso, während ihr Mann wie ein Bluthund in der Wohnung umherstreifte, an die Wände klopfte und nach verborgener Feuchtigkeit suchte. Am Ende verkauften wir ihnen die Wohnung für einen viel geringeren Preis, als wir dafür bezahlt hatten, aber es reichte aus, um die monströse Hypothek abzulösen, die wir aufgenommen hatten.

Nachdem wir geschieden waren, zogen Gabriela und ich in ein anderes, billigeres Viertel um. Ich mietete eine Einzimmerwohnung im siebten Stock eines Gebäudes mit einem fast hundertjährigen Türhüter – dessen Vater, ein Priester, im Cristero-Krieg gekämpft hatte – und einem ächzenden Aufzug, der offenbar noch älter war als er. Nachdem ich ein paar Mal darin steckengeblieben war, beschloss ich, ihn nicht mehr zu benutzen. Gabriela wohnte einige Hundert Meter weit weg von mir in einer Wohnung, die genauso klein war, aber menschlicher und freundlicher. Sie hatte im Wohnzimmer ihrer neuen Wohnung einen handgewebten peruanischen Teppich ausgelegt, Töpfe mit Wildblumen an jedes Fenster gestellt und sogar unser Hochzeitsfoto an die Kühlschranktür geklebt. Als ich sie einmal fragte, warum, erwiderte sie, mein Gesichtsausdruck auf dem Bild belustige sie. »Das ist unser Hochzeitstag«, sagte sie lächelnd, »und schau dir mal dein Gesicht an, die verkrampften Schultern, die Anspannung, du siehst weniger wie ein Bräutigam als wie jemand mit Verstopfung aus.«

Jeden Dienstagabend aßen wir zusammen, manchmal in einem Restaurant und manchmal bei ihr. Bei diesen Abendessen erzählte sie mir immer Geschichten von ihrer Arbeit und alle möglichen Ideen für philanthropische Start-ups, die ihr so in den Sinn kamen: eine App, die wohlhabenden Leuten ermöglichte, überschüssiges Essen aus ihrem Kühlschrank direkt zu den Wohnungen bedürftiger Familien zu schicken; eine Internetseite, über die man ehrenamtliche Stunden für einen guten Zweck spenden konnte; eine mobile Bücherei, die durch die ärmsten Stadtviertel fuhr und Kindern Vorlesestunden und Aktivitäten anbot. Als wir verheiratet waren, hatte ich die Rolle gehabt, ihr zu erklären, warum ihre ganzen schönen, naiven Ideen im wirklichen Leben nicht funktionieren würden, doch jetzt, wo wir geschieden waren, konnte ich ganz einfach dazu nicken und eine Menge Wein trinken. Am Ende eines Abends war ich so betrunken, dass ich bei ihr übernachtete und auf dem Teppich schlief, und obwohl sie immer noch schön wie ein Engel war und ich geil wie ein Pavian und einsam wie ein Straßenköter, versuchte ich nichts. Als wir uns gerade erst kennengelernt hatten, glaubte ich, wenn wir nur genug miteinander redeten, uns küssten und vögelten, würde etwas von ihr an mir haften bleiben, und all die Dinge, die sie faszinierten und mich zu Tode langweilten, würden mir plötzlich spannend und interessant vorkommen. Vielleicht hatte ja auch sie solche Gedanken. Aber mittlerweile war uns beiden bereits klar, dass das nicht passieren würde. Ich würde weiterhin die unendliche Großherzigkeit lieben, die in ihr pulsierte, und sie das, was auch immer sie an mir liebenswert fand. Und genau da war Schluss: Wechselseitige Gefühle, ein gemeinsames Abendessen pro Woche und harmlose Gespräche, die sich zwar anhörten, als beschäftigten sie sich mit der Welt, in der wir lebten, aber hartnäckig ein paar Zentimeter darüber kreisten.

•

Als ich Gabriela erzählte, dass ich jetzt bei der freiwilligen Bürgerwache mitmachte, war sie begeistert. »Du lernst bestimmt nette Leute kennen«, sagte sie. »Wer freiwillig hilft, muss nett sein.« Die wöchentlichen Treffen der Bürgerwache waren die absonderlichste Sache der Welt. Von den vierzehn Personen, die kamen, waren nur die Leiterin, Eva, und ich unter sechzig, und die Treffen selbst erinnerten an Pfadfinderaktionen: ein bisschen Erste Hilfe, ein paar theoretische Erklärungen über den Gebrauch einer Waffe und sogar einige Selbstverteidigungsübungen aus Krav Maga, die Eva immer an mir demonstrierte. Als wir anfingen, miteinander zu gehen, sagte sie mir, das sei ein fetter Wink mit dem Zaunpfahl gewesen, den ich verpasst hatte.

Eva war bloß vier Jahre älter als ich, hatte aber schon mehr geschafft als ich in drei Reinkarnationen. Sie war in Montevideo geboren, hatte an der Universität Philosophie studiert, den Flugschein für zweimotorige Flieger gemacht und einen Fallschirmspringerkurs abgeschlossen. Außerdem war sie in der ganzen Welt herumgereist, hatte in Europa Spanisch unterrichtet, in Japan Englisch und Japanisch in Uruguay. In Mexiko war sie vor acht Jahren wegen einem Mann gelandet. Sie heirateten, brachten ein Kind zur Welt und ließen sich scheiden. »Aber nicht im Guten wie eure Scheidung«, sagte sie. »Bei uns war es so schlimm wie überhaupt nur möglich.« Ich sagte zu ihr, so was wie eine »Scheidung im Guten« gebe es nicht, doch sie bestand darauf: »Sicher gibt es die, du bist nur zu jung und verwöhnt, um das zu begreifen.«

Das Erste, worum sich Eva und ihr Mann stritten, als sie sich trennten, war das Sorgerecht. Das Gericht hatte ein gemeinsames Sorgerecht bestimmt, deswegen waren das Kind und sie gezwungen, in Mexiko City zu bleiben. Danach stritten sie um das wenige Geld, das ihnen gemeinsam gehörte, und nachdem sie damit durch waren, fanden sie andere Dinge zum Weiterstreiten. Wenn ihr Mann kam, um das Kind abzuholen, gab es immer Geschrei. Eva sprach von ihm nur als »Esel«, auch vor dem Kind, und ihren Erzählungen nach belegte er sie mit noch gröberen Namen.

Eines Nachts im Bett vor dem Einschlafen, als sie wieder anfing, über ihn herzuziehen, fragte ich sie, warum sie sich denn überhaupt darauf eingelassen hatte, mit ihm zusammenzuleben, und Eva dachte einen Moment nach, lachte verlegen und meinte, dass er einfach ein überirdisch guter Ficker war. »Ich war mit nicht wenigen Männern zusammen«, sagte sie, »aber mit diesem Arsch? Das war einfach himmlisch.« Danach fickten auch wir. Ganz irdisch, aber gut. Und dann verriet sie mir, dass sie zu meinem fünfunddreißigsten Geburtstag, im November, einen gemeinsamen Fallschirmsprung für uns gebucht hatte. Ich würde den ganzen Weg nach unten mit ihr zusammenhängen, erklärte sie, »und wenn sich der Fallschirm öffnet, wirst du zum ersten Mal in deinem starren, eingezwängten Leben ein Gefühl von Erleichterung verspüren«.

»So denkst du über mein Leben?«, fragte ich in einem Ton, der beleidigt klingen sollte, und Eva streichelte die Haare auf meiner nackten Brust und erwiderte: »Seit fünfunddreißig Jahren zerdrückt dich die Schwerkraft, Amigo. Es ist Zeit, dass du dich befreist.«

Ich glaube, das war die Nacht, in der Eva schwanger wurde. Sie entdeckte es erst ein paar Wochen danach. Sie sagte zu mir, das sei ihre letzte Chance, noch ein Kind zu bekommen, und wenn ich es wolle, dann gerne, und wenn nicht, dann bräuchte man es nicht erzwingen, sie sei bereit, eine Abtreibung zu machen. Ich dachte zwei Tage darüber nach. Ich konnte mir vorstellen, wie ich das Baby badete und dann mitnahm auf einen langen Spaziergang im Park. Ich stellte mir auch Eva und mich vor, wie wir grauenhaft stritten und sie mich vor dem Kind mit erniedrigenden Namen beschimpfte. Ich versuchte ihr zu erklären, dass man eine Heirat auflösen könne, eine Geburt aber nicht ungeschehen gemacht werden konnte. Nur weil wir uns liebten, hieße das nicht, dass es uns gelingen würde, zusammen glücklich zu sein, und ich wollte nicht das Risiko eingehen, dass wir ein unglückliches Kind großzogen. »Also damit du kein unglückliches Kind großziehst, schlägst du vor, es zu töten, bevor es geboren wird?«, fragte Eva mit einem bedrückten Lächeln. »Nun gut, ich rufe meinen Gynäkologen an und mache einen Termin aus.«

Ich brachte sie mit dem Auto eines Freunds in die Klinik. Die ganze Fahrt über redeten wir nicht. Um ehrlich zu sein, wir hatten uns nicht mehr getroffen und sehr wenig miteinander geredet, seit ich ihr gesagt hatte, dass ich das Kind nicht wollte. Nicht dass wir uns offiziell getrennt hätten oder so was, doch es war uns beiden klar, dass es das Ende war. Die Schwester in der Klinik empfing uns mit einem säuerlichen Gesicht und sagte, es habe eine kleine Komplikation bei der vorigen Behandlung gegeben und alle Termine würden sich nach hinten verschieben. Sie brachte Eva ein Glas Wasser und bat uns, geduldig zu sein, und während wir warteten, erinnerte mich Eva daran, dass in vier Wochen mein Geburtstag war. »Ich schick dir den Gutschein für das Fallschirmspringen per E-Mail«, sagte sie. »Lass es nicht sausen, es ist wirklich ein Erlebnis.« Ich verstand, dass das ihr Weg war, mir zu verstehen zu geben, dass sie nicht mitkommen würde, dass sie nicht bei mir wäre, wenn sich der Fallschirm öffnete, wenn ich zum ersten Mal in meinem Leben echte Erleichterung spüren würde. Nach einer Wartezeit von zwei Stunden kam die Schwester mürrisch zu uns und sagte, Eva sei als Nächste an der Reihe und sie müsse mitkommen, um die Kleider gegen einen Kittel auszutauschen. Ich fragte die Schwester, ob ich mitgehen dürfe, doch sie antwortete, dass es für Begleitpersonen verboten sei, den OP-Bereich zu betreten, und ich würde sie danach sehen, im Aufwachraum. Und dann fing das Gebäude plötzlich zu beben an. Es dauerte nicht sehr lange, aber es fühlte sich an wie eine Ewigkeit, und durch die Fenster der Klinik konnten wir sehen, wie ein dreißigstöckiger Wolkenkratzer einfach einstürzte. Es war beängstigend, vielleicht das Beängstigendste, das ich je im Leben gesehen hatte, und gleich danach schrie die sauergesichtige Schwester, dass wir alle das Gebäude räumen müssten.

An dem Tag hatte Eva keinen Abbruch. Die Wochen nach dem Erdbeben verbrachten Eva und ich mit unserer Freiwilligengruppe der Bürgerwache auf der Suche nach Überlebenden zwischen den Ruinen der Gebäude. In den ersten drei Tagen redeten wir kaum miteinander, und am vierten Tag kam sie nicht, und einer von den Freiwilligen erzählte, sie hätte eine »medizinische Prozedur«. Als sie zurückkam, versuchte ich, sie danach zu fragen, aber sie war nicht bereit, auch nur ein Wort mit mir zu wechseln. Ehrlich gesagt schafften wir es nicht, irgendjemand lebend herauszuholen, doch wir gruben nicht wenige Leichen aus. Eine der Adressen, zu der wir kamen, war das Haus, in dem Gabriela und ich gewohnt hatten. Das Gebäude war komplett zusammengestürzt, und als wir dort gruben, hatte ich Angst, die Leiche von jemandem zu finden, den ich kannte, von der alten Paula oder den Kindern des geizigen Paares, das die Wohnung von uns gekauft hatte. »Ich hab dir doch gesagt, dass du eine gute Scheidung gehabt hast«, bemerkte Eva mit ihrem schiefen Lächeln. »Denk nur mal dran, wenn ihr noch zusammen gewesen wärt, müsste ich dich jetzt aus den Trümmern buddeln.« Ich schloss die Augen und versuchte mir das vorzustellen, doch das einzige Bild, das in meinem Kopf auftauchte, war das vom Besuch in der Klinik, wie die Erde bebte, als ob einer da oben wollte, dass ich über diese ganze Angelegenheit noch mal nachdenke.

An meinem fünfunddreißigsten Geburtstag sprang ich mit dem Fallschirm ab. Statt mit Eva verbunden zu sein, hing ich an einem heiseren Instruktor namens Carlos. Er war schwerhörig und anstatt normal zu reden, schrie er. »Keine Angst«, brüllte er mir ins Ohr, eine Sekunde bevor wir aus dem Flugzeug sprangen, »du musst überhaupt nichts machen, außer zu fallen.« Wie Steine fielen wir zusammen aus dem Flugzeug. Ich erinnerte mich, dass Eva mir einmal erzählt hatte, dass sie darauf bestanden hatte zu lernen, wie man den Fallschirm selbst faltet. »Wenn du einmal mit jemandem aus dem Flugzeug gesprungen bist, bei dem der Fallschirm nicht aufgeht, willst du wissen, dass du deinen selbst falten kannst«, hatte sie gesagt. Der Boden unter mir war noch weit weg, doch er kam zunehmend schnell näher. Gleich würde sich der Fallschirm öffnen und dann vielleicht die Erleichterung kommen.

»Bereit?«, schrie Carlos. Ich nickte. Er zog an der Schnur.

Ohne Reue

Es gibt Momente in der Geschichte, in der eine technologische Erfindung in die Welt hineinplatzt, und die gesamte Menschheit betrachtet sie mit einer Mischung aus Anerkennung und Angst: Anerkennung ihres enormen Potenzials und Angst vor der nicht weniger großen Gefahr, die in ihr lauert. Atomenergie, Künstliche Intelligenz und das Klonen von Menschen sind nur einige der prominentesten Beispiele für vielversprechende Erfindungen von der Sorte, die der Menschheit vieles schenken oder ihr alles rauben können. Stellt euch daher die große Überraschung vor, als sich zu guter Letzt zeigte, dass das, was die Menschheit vernichtete, nicht irgendeine bahnbrechende Erfindung war, die Riesenschlagzeilen in den internationalen Medien machte, sondern schlicht ein lausiges Feature zur Verbesserung der Nutzererfahrung. Die Menschheit hatte jedoch nicht viel Zeit, diese Überraschung zu verdauen, denn in weniger als einer Minute nach der Einführung jenes verfluchten Features blieb niemand mehr übrig, der hätte überrascht sein können.

Im Gegensatz zu anderen großen Völkerwanderungen in der Geschichte verlief der Transfer der Menschheit zum Metaversum ganz glatt. Das großartige Versprechen der Entwickler, dass alle, die auf ihre physische Existenz verzichteten und zu einem simulierten Leben wechseln würden, in den Genuss einer Verdoppelung ihres Besitzes kämen, stieß vorerst auf Misstrauen. Viele sahen darin eine weitere Ankündigung von der Sorte, die in der Werbung ganz fantastisch klingt, in der sich aber ein klitzekleines Sternchen versteckt. Doch diesmal wurde das Versprechen wirklich erfüllt, und alle, die sich beeilten, ins Metaversum zu ziehen, erhielten sofort doppelt so große Häuser wie jene, die sie in der echten Welt zurückgelassen hatten, ganz zu schweigen von der Verdoppelung des Geldes auf ihrem neuen virtuellen Bankkonto, ihrer Fahrzeuge und sogar ihres Schmucks und ihrer Kleidung. Stimmt, all das war nur eine Simulation und erforderte von den Entwicklern keine finanzielle Investition, aber dennoch fühlte es sich in der Wahrnehmung der Nutzer so an, als wäre man tatsächlich reicher geworden, und die Kampagne »Verdopple dein Leben« wurde ein irrsinniger Erfolg. Als Erstes brachte sie Menschen, die ihre Wohnsituation verbessern wollten, sowie Familien in prekären finanziellen Verhältnissen ins

Metaversum, und gleich danach folgte der ganze Rest.

Das Leben im Metaversum war um vieles besser als das in der alten Realität: Das Wetter war perfekt, die Menschen wurden nie krank und die Fläche, über die sich die Menschen ausbreiten konnten, war unbegrenzt. Es war eine beispiellose ökonomische und technologische Erfolgsgeschichte, und selbst nachdem die menschliche Migration ins Metaversum abgeschlossen war, ruhten sich die brillanten Gehirne, die die Simulation entwickelt hatten, nicht auf ihren Lorbeeren aus, sondern entwickelten endlose neue Updates und Features, die die Existenz im Metaversum noch angenehmer machten – angefangen bei der Möglichkeit, dass jeder Bewohner die bevorzugte persönliche Temperatur einstellen konnte, über halb unsichtbare Haustiere, die nur diejenigen unter den Bewohnern sehen und hören konnten, die Tiere liebten, bis hin zum krönenden Abschluss, der Einführung von »10 Zentimeter mehr, 5 Kilo weniger«, ein neckisches Update, das es allen Bewohnern des Metaversums ermöglichte, ihre Größe und ihren Umfang in absoluter Eigenregie zu kontrollieren.

Es war herrlich. Die Boulevards des Metaversums füllten sich mit hochgewachsenen, schlanken Frauen und Männern, die mit einem beneidenswerten Lächeln auf den Lippen umherschlenderten. Und sie hatten wahrlich allen Grund zu lächeln: Sie lebten im besten Zeitalter der ganzen beschissenen Geschichte, eine Ära ohne Hunger, ohne Furcht und ohne Kriege. Doch dann tauchte, wie aus dem Nichts, das neue Feature auf. Auch wenn es vielleicht nicht ganz richtig ist, es »neu« zu nennen, denn es wurde schon Jahrzehnte davor, im ausgehenden zwanzigsten Jahrhundert erfunden, um genau zu sein.

Es handelte sich um eine alte Funktion, die den Benutzern von Textverarbeitungsprogrammen in jenem Zeitalter die Möglichkeit gegeben hatte, mit nur einem Knopfdruck die letzte ausgeführte Aktion zu löschen. Das Feature, das ursprünglich »Rückgängig« hieß, sollte im Metaversum auf ähnliche Weise funktionieren: Jedes Mal wenn einer der Simulationsbewohner versehentlich Kaffee über seiner Hose verschüttete, in der falschen Runde eine unpassende Bemerkung von sich gab oder einfach nur auf der Treppe stolperte, könnten sie oder er, mit einem Gedankenschnippen die Rückgängig-Funktion aktivieren, das gesamte Metaversum um dreißig Sekunden zurücksetzen und alles noch einmal machen, diesmal richtig.

In den kontrollierten Teststadien schien das altneue Feature, das sich »Beim zweiten Gedanken« nannte, perfekt. Die Möglichkeit, dreißig Sekunden zurückzudrehen, klang vielleicht eher unbedeutend, doch die Entwickler glaubten, dass sich damit im Laufe der Zeit Trillionen von Beleidigungen, Entschuldigungen, Unfällen und Waschgängen sparen lassen würden. »Im Laufe der Zeit ...« Wie normal dieser Ausdruck damals klang, und wie abwegig er sich jetzt anhört.

Es war kaum eine Minute nach dem offiziellen Start des Features vergangen, als bereits das erste Mal Gebrauch davon gemacht wurde. Es geschah, als eine hochgewachsene, schlanke Geschiedene namens Oxana zu einem nicht weniger großen und schlanken Geschiedenen namens Amnon sagte, er würde »komisch reden«. Sie hatte nicht beabsichtigt, Amnon, der wirklich ein bisschen merkwürdig redete, zu verletzen, aber als sie sah, dass er schwer getroffen war, fügte sie sofort hinzu, dass sie »komisch« nicht negativ gemeint habe, sondern »nett komisch«. »Nett?«, wiederholte Amnon mit beleidigtem Blick. »Komisch und nett? Das bin ich für dich?« Oxana wollte ihm sagen, dass sie nur seine Art zu reden gemeint habe und dass Amnon sonst in ihren Augen sehr herzlich und beeindruckend und überhaupt nicht komisch sei, doch sie fürchtete, dass auch das beleidigend sein könnte. Und da erinnerte sie sich, dass das neue Feature, das sie in der Werbung im Netz gesehen hatte, gerade gestartet worden war. Sie aktivierte die Funktion »Beim zweiten Gedanken«, und das Metaversum sprang sofort dreißig Sekunden zurück. Amnon beendete gerade wieder den letzten Satz, den er mit seiner eigenartigen Diktion gesprochen hatte, und Oxana beschloss, dieses Mal statt er »rede komisch« zu sagen, dass sie seine tiefe Stimme liebte. Genau in diesem Augenblick stieß die langsame Bedienung im

Diner die Kaffeekanne um. Diese ungeschickte Bedienung hieß Madeleine, und es war ihre erste Arbeitswoche. Der unangenehme Besitzer beobachtete sie ständig während ihrer Arbeit und ließ jedes Mal eine fiese Bemerkung fallen, wenn sie etwas tat, das ihm nicht passte. Die ersten zwei Tage dort hatte sie mit zitternden Händen überstanden, aber diese Glaskanne, die ihr jetzt aus der Hand gerutscht und auf dem Boden zerschmettert war ... Sie aktivierte das Feature, die Zeit sprang dreißig Sekunden zurück, und genau in dem Moment, in dem sie die kochend heiße Kaffeekanne fester am Griff hielt, fuhr ein Lieferwagen stark beschleunigend aus dem Parkplatz des Diners und rammte ein anderes Fahrzeug. Der Lieferant am Steuer war zu betrunken, um zu fahren, aber noch klar genug, um ebenfalls das Feature zu aktivieren, und diesmal, als die Zeit dreißig Sekunden zurückgesprungen war, achtete er darauf, einen Blick in den Rückspiegel zu werfen, wo er einen Mann im Anzug sah, der auf einem Becher Frozen Joghurt ausrutschte, den irgendein Idiot auf dem Parkplatz weggeworfen hatte.

Beim zweiten Gedanken wäre es nicht richtig zu sagen, dass die Menschheit ihr Ende fand, denn sie ist immer noch dort im Metaversum, tanzt Tango mit der Zeit: ein paar Sekunden vorwärts, Irrtum-Reue und wieder zurück, zermahlt jeden Augenblick zu Pulver, rührt in der immer gleichen Kaffeetasse, lacht wieder und wieder über denselben schalen Witz.

Dreißig Sekunden, ohne dass wir etwas vermasseln, mehr braucht es nicht, um den Fluch aufzuheben. Dreißig Sekunden, ohne einander wehzutun, ohne zu enttäuschen, ohne einander Schaden zuzufügen. Ganze dreißig Sekunden. Ich wünsche uns allen viel Glück damit.

Kanten

Und dann fingen sie an, darüber zu streiten, was auf dem Grabstein stehen sollte. Noams Vater wollte »Sohn, irgendwas, und Freund, gepflückt in der Blüte seines Lebens« schreiben. Er wusste noch nicht, was das »irgendwas« sein sollte, nur dass da noch was stehen müsste, etwas Drittes, wegen dem Rhythmus. Noams Mutter ärgerte das Wort »gepflückt«. »Was soll denn gepflückt heißen?«, widersprach sie. »Ist er vielleicht eine Guave?« Sie wollte »ermordet« schreiben, was die Diskussion zu noch hitzigeren Tonlagen steigerte. Noams Vater zischte, das sei dermaßen typisch für sie: wütend werden, alles verdrehen, Schuldige suchen. Worauf Noams Mutter entgegnete, wenn er einen betrunkenen jungen Kerl, der mit hundert km/h über einen durchgezogenen weißen Mittelstreifen geschossen war und ihren Sohn getötet hatte, »Pflücker« nennen wolle, dann viel Vergnügen damit, aber nicht auf dem Grabstein von Noam.

Und dann fing Noams Mutter still zu weinen an, und sein Vater ging zu ihr hin und umarmte sie. Sie waren schon seit ungefähr zweihundert Jahren geschieden. Noam hatte mir einmal erzählt, dass er seit seiner Geburt seine Mutter und seinen Vater nie zusammen im gleichen Raum gesehen habe, nicht einmal auf einem Foto. Als Kind hatte er versucht, eins zu finden, aber Noams Vater hatte keine Fotoalben, und seine Mutter hatte seinen Vater akribisch aus allen Bildern, die sie aufgehoben hatte, herausgeschnitten. Aus allen. Sogar aus denen von der Hochzeit.

Und dann löste Noams Vater die Umarmung, lies aber einen Arm auf der Schulter von Noams Mutter und schlug vor, dass ich den Text formulieren solle, der auf dem Grabstein eingraviert sein würde. So würden sie nicht streiten. Außerdem sei ich Schriftsteller, und Worte seien mein Beruf, garantiert würde ich es besser machen als sie beide. Ich wollte mich höflich weigern, erklären, dass zwischen der Inschrift auf einem Grabstein und Prosa keinerlei Zusammenhang bestehe, aber Noams Mutter, die nun nicht mehr weinte, sagte, er habe recht. Das wäre, was Noam gewollt hätte. Außerdem biete es sich auch an, weil ich der letzte Mensch gewesen sei, der ihn lebend gesehen hatte.

Und dann ging Noams Vater ganz schnell einen Stift und Papier holen, als würde er riechen, dass ich mich bei der ganzen Sache nicht wohlfühlte und versuchte, mich irgendwie festzunageln. Er verrückte quietschend einen der Stühle in der Küche und bedeutete mir, mich zu setzen. Ich wollte nicht, aber ich hatte keine Wahl. Noams Mutter ließ sich links von mir nieder, sein Vater rechts von mir. Es fühlte sich seltsam an. Unnatürlich. Ein bisschen wie einen Mietvertrag zu unterschreiben. Ich wusste, ohne einen Text für den Grabstein würde ich hier nicht wegkommen, dabei wäre ich wirklich gerne gegangen. Zunächst schrieb ich, um Zeit zu gewinnen, Noams Geburts- und Sterbedatum auf das Blatt. Noams Vater bemerkte, man müsse die Daten nach der hebräischen und nicht nach der christlichen Zeitrechnung schreiben. Ich nickte, als hätte ich das schon gewusst, und erklärte, ich sei nicht besonders gut mit den hebräischen Datumsangaben in Buchstaben. Noams Vater lehnte sich zurück und sagte, halb zu sich selbst: »Ein hebräischer Schriftsteller, der nicht gut ist in hebräischen Daten?«

Und dann begann ich, wie wild alle möglichen Dinge über Noam aufzuschreiben: Wie begabt und gutaussehend er war. Wie alle ihn liebten. Wie er uns fehlen würde, eine Lücke hinterlassen würde und noch mehr solches Zeug. Noams Mutter sagte: »Das geht nie im Leben auf den Grabstein. Das ist viel zu lang«. Sein Vater entgegnete: »Aber es ist schön. Schön und richtig«. Noams Mutter betrachtete mich mit ihren kühlen grünen Augen und fragte, was der letzte Satz gewesen sei, den Noam zu mir gesagt habe. Das setzte mich unter Druck. Ich fing an zu stottern. Noams Vater mischte sich ein und fragte, was das jetzt damit zu tun habe, worauf sie sagte, das habe etwas damit zu tun, weil dieser letzte Satz etwas sein könnte, das man möglicherweise auf dem Grabstein eingravieren könne. Das überzeugte Noams Vater. Ich tat so, als ob ich versuchte, mich zu erinnern, es mir aber nicht einfallen würde. Doch sie ließen nicht locker. Noams Vater bemerkte, wir hätten Zeit. Er schlug vor, mir einen Kaffee zu machen. Er bot auch Noams Mutter einen an, aber sie sagte, sie sei nicht durstig. Auch während sie ihm antwortete, wandte sie ihren Blick nicht von mir ab. Ich erzählte, dass Noam, bevor er ins Auto eingestiegen war, zu mir gesagt hätte: »Schau uns an, wir sind keine Kinder mehr«. Noams Vater sagte, man könne schreiben, »Sohn, kein Kind mehr und Freund«, was allerdings etwas gezwungen klingen könnte. Noams Mutter fixierte mich weiter und sagte, ich würde lügen. Dass Noam so etwas nie zu mir gesagt hätte.

Und dann klingelte mein Handy. Ich schaute auf das Display. Dort stand »anonyme Nummer«. Ich tat so, als sei es ein wichtiger Anruf. Am anderen Ende der Leitung lief eine automatische Mitteilung. Ich brauchte ein paar Sekunden, um das zu begreifen. Es war jemand mit Namen Aviram Yifrach, der für das

Bürgermeisteramt von Ramat Gan kandidierte. Dieser Yifrach versprach, wenn ich ihn wählen würde, würde er die Korruption ausrotten und für mehr Parkplätze sorgen. Ich wohnte schon seit Jahren nicht mehr in Ramat Gan, hatte mir aber nie die Mühe gemacht, die Adresse umzumelden. Yifrach sagte, Ramat Gan sei eine traurige und tote Stadt, doch er würde sie wieder zum Leben erwecken. Ich hörte mir die Mitteilung bis zum Ende an und sagte dann: »Gut, in einer halben Stunde bin ich bei Ihnen.« Als sie mich zum Auto begleiteten, sagte Noams Mutter, ich würde sie anlügen, ein Elternpaar anlügen, das seinen Sohn verloren hatte, das sei hässlich.

Und dann fing Noams Vater an, sie anzuschreien – ein Freund von Noam, ein berühmter Schriftsteller, stelle sich freiwillig, ohne Gegenleistung, zur Verfügung, ihnen mit der Inschrift für den Grabstein zu helfen, und sie, statt sich gefälligst zu bedanken, müsse ihn beleidigen. »Du warst schon immer so«, sagte er, »wie es auch in der Bibel steht, wenn ich abstürze, will ich alle andern mitreißen. Wenn's dir schlecht geht, sorgst du schon dafür, dass es allen anderen auch so geht.« Noams Mutter fing wieder an zu weinen, diesmal hörbar. Sie versuchte sich zusammenzunehmen, doch es gelang ihr nicht. »Bitte ihn um Entschuldigung«, verlangte Noams Vater, »und zwar jetzt. Oder er fährt und kommt nicht zurück. Und allein schaffen wir beide es nie im Leben, diesen

Text fertigzukriegen.« Ich versuchte ihn zu bremsen. Ich sagte, eine Entschuldigung sei nicht nötig. Es sei alles in Ordnung. Ich müsse jetzt nur einfach fahren, aber nach dem Termin könne ich sie anrufen und wir würden das Ganze telefonisch erledigen. Das brachte Noams Mutter nur noch mehr auf. Ich weiß, ich hätte diesen Ausdruck, »alles in Ordnung«, gegenüber einer Mutter, die gerade ihren Sohn verloren hat, nicht benutzen sollen. Was für eine Art hebräischer Schriftsteller war ich? Einer, der die hebräischen Daten nicht beherrscht und nicht einmal die richtigen Worte wählen kann.

Und dann wiederholte Noams Mutter, ich sei ein Lügner. Ein Lügner und ein Feigling. Schon immer gewesen. Auch in meinen Geschichten. Noam hatte ihr meine Bücher immer mit zittrigen Händen gebracht, als sei ich mindestens eine Art Tschechow, aber sie hatte es immer gespürt. Die abgeflachten Kanten, diese Heuchelei. Da war immer alles drin, außer der Wahrheit. Sie hatte das Noam nie gesagt. Wollte nichts kaputtmachen. Wo er es endlich geschafft hatte, einen Freund aufzutreiben. Aber jetzt sei nicht der Zeitpunkt, höflich oder nett zu sein, sagte sie. Jetzt war es keine süßliche Geschichte mehr, die ich mir mühsam aus den Fingern saugte, um bei ein paar Tanten mit aufgehübschten Fingernägeln, die bei Steimatzky Bücher verkauften, lieb Kind zu machen.

Sie standen draußen neben mir. Ich saß bereits im Wagen, den Schlüssel im Anlasser, aber die Autotür stand noch offen, und trotz der Kälte wagte ich es nicht, sie zu schließen. Es herrschte ein peinlich berührtes Schweigen. Und dann sagte Noams Vater, wenn Noam kein Einzelkind gewesen wäre, hätte man schreiben können, »Sohn, Bruder und Freund«, aber was sollte man machen. Sie hatten ihn gerade so auf die Welt gebracht, und als er nicht mal drei Monate war, hatten sie sich beim Rabbinat schleunigst scheiden lassen.

Auf der Rückfahrt nach Tel Aviv versuchte ich, mir einen Text für den Grabstein auszudenken. Etwas, das ich ihnen per SMS schicken könnte, statt einer Entschuldigung oder Blumen. Der letzte Satz, den Noam zu mir gesagt hatte, bevor er losfuhr, war: »Das war's, finito, ich und du sind fertig miteinander«. Das wäre gar kein schlechter Satz für einen Grabstein, aber nicht für den von Noam. Ich versuchte, ihn zu vergessen, wühlte in den ganzen restlichen Wörtern herum, mit denen mein Kopf voll war, auch in denen, die nicht wirklich passten, und versuchte, sie zusammenzupressen, damit sie sich auf einem Marmorrechteck von 75 auf 175 Zentimetern unterbringen ließen. Aber ganz egal, wie ich sie arrangierte, am Ende fügten sie sich immer zu einer Geschichte zusammen.

Für die Frau, die alles hat

Zu ihrem neunundvierzigsten Geburtstag kaufte Schleifer ihr neunundvierzig Geschenke. Neunundvierzig, von denen jedes einzelne aus einem anderen Land stammte: Parfüm aus Frankreich, eine Flasche Sake aus Japan, eine Haarspange von der Elfenbeinküste. Er verpackte jedes Geschenk einzeln, in ein Papier in den Farben der jeweiligen Nationalfahne, aus dem es kam, und am Morgen des Geburtstags stand er früh auf, arrangierte alles auf dem Tisch und spannte zwischen der Vorhangstange und der Deckenlampe ein seidenes Banner mit Goldbuchstaben, die er selbst darauf gestickt hatte: »49 Frühlinge für Avivit, meinen Frühling.«

Als Avivit aufwachte und das Wohnzimmer betrat, vergoss sie Freudentränen, und binnen Sekunden weinte auch er vor glücklicher Erleichterung.

Die Geburtstagsüberraschung, die er Avivit bereitet hatte, wurde zum Tagesgespräch im Dorf. Eine

Menge Leute gratulierten Schleifer zu der kreativen Idee und seinem Aufwand. Sogar die Kassiererin mit dem gewaltigen Busen im Lebensmittelgeschäft der Siedlung, deren persönlichste Worte, die sie je an ihn gerichtet hatte, »Eins kaufen, eins gratis« gelautet hatten, lächelte ihn an und sagte, Gott möge ihr so einen Ehemann schenken. Schleifer zwinkerte ihr lässig zu und erwiderte selbstbewusst: »Wenn schon feiern, dann richtig.«

Aber nicht alle reagierten anerkennend. »Mensch, da hast du uns allen echt was eingebrockt«, beschwerte sich Haimon. »Nachdem du die Latte dermaßen hoch gehängt hast, kann ich Lizzie nicht mehr mit einem Blumenstrauß und einer Glückwunschkarte von der Tankstelle abspeisen.«

Als Schleifer dann bei der Gärtnerei Halt machte, um Dünger zu kaufen, sagte Amikam grinsend: »O Mann, wenn du ihr das zum Neunundvierzigsten beschert hast, dann möchte ich nicht mal dran denken, was du zum Fünfzigsten für sie auf die Beine stellst.« Eine Minute danach legte er seine schwielige Hand auf Schleifers Schulter und fragte: »Alles in Ordnung mit dir? Du sagst ja plötzlich gar nichts mehr.«

Wie ein Gefangener, der sich einen Tunnel aus seiner Zelle gräbt und entdeckt, dass er ihn in den Gefängnishof zurückführt, wie ein Kämpfer, der siegreich und erschöpft vom Schlachtfeld heimkehrt, nur um gleich an die nächste Front geschickt zu werden, wie eine Gazelle, die einem Waldbrand glücklich entronnen ist und sich verrußt und mit flatterndem Atem vor einem hungrigen Löwenrudel wiederfindet – genauso fühlte sich Schleifer, als er die Gärtnerei verließ. Die Geburtstagsfeierlichkeiten für Avivit waren eine aufreibende Herausforderung gewesen, die er gemeistert hatte, eine Charakterprüfung, die er mit dem nüchternen Wissen bestanden hatte, dass jede noch so kleine Abweichung von der Phantasie, die sich Avivit zurechtgesponnen hatte, mit Kummer und Enttäuschung enden würde. Doch in all den Monaten, in denen er damit gekämpft hatte, diesen steilen, rutschigen Berg zu erklimmen, hatte er nicht eine Sekunde an den Gedanken verschwendet, dass nach der Eroberung des ersehnten Gipfels, in der zeitlichen Entfernung eines Jahres, noch ein viel höherer und steilerer Gipfel auf ihn warten würde.

»Dann lass dich von ihr scheiden«, sagte Jana in ihrem gleichmütigen Ton, als ob sie ihm einen Termin zur Zahnkontrolle mitteilen würde. So hatten sie sich übrigens kennengelernt. Jana war die Sprechstundenhilfe von Doktor Tossiano, seinem und Avivits Zahnarzt. Als er ihr zum ersten Mal in der Praxis begegnete, hatte sie ihm einen wirklich ordinären Witz erzählt, und als sie selbst laut darüber lachte, als hätte sie ihn gerade zum ersten Mal gehört, enthüllte sie zwei Reihen glänzend weißer Zähne. Saubere Zähne und ein schmutziger Mund – es gibt nichts, was mehr anmacht.

»Ich habe dich darum gebeten, mir mit einer Idee für ein Geschenk zu helfen«, grollte Schleifer, während er sich die Hosen anzog, »nicht um eine Partnerschaftsberatung.«

»Gut«, sagte Jana und stocherte mit einem ihrer langen Fingernägel zwischen ihren Zähnen herum, um ein Schamhaar herauszupulen. »Dann kauf ihr ein teures Schmuckstück. Oder Urlaub in einem Wellnesshotel. Da wird sie voll drauf abfahren.«

»Avivit mag keinen Schmuck«, entgegnete Schleifer und schnürte sich den zweiten Schuh zu, »und wenn ich mit ihr über Urlaub rede, sagt sie immer, dass diese Urlaube im Ausland nur für Leute taugen, denen es daheim schlecht geht.«

»Ach ja«, rief ihm Jana nach, »und euch geht's gut daheim?«

In dieser Nacht saß Schleifer, nachdem Avivit eingeschlafen war, fast fünf Stunden vor dem Computer auf der Suche nach etwas Besonderem. Hatte er sich in der Vergangenheit mit banalen Suchbegriffen wie »Geschenk«, »Überraschung« oder einfach »teuer« begnügt, so war er jetzt bereits erfahren genug, um nach konkreten Dingen wie »vom Aussterben bedrohte Tierarten« zu suchen (ein – sogar noch existenter – Nebelparder hätte sie erfreuen können, aber da es sich um eine Katzenart handelte, könnte Avivit eventuell dagegen allergisch sein). Oder »illegale kosmetische Behandlungen« (ein Krankenhaus, das er in Albanien lokalisierte, bot eine innovative

Operation zur Verlängerung der Beine um fünf Zentimeter an, aber nach Operationen mit Vollnarkose litt Avivit immer an schrecklichem Erbrechen). Oder »himmlischer Orgasmus« (die Idee, für Avivit einen Latin-Lover-Roboter zu erstehen, klang interessant, aber so wie er sie kannte, würde sie das als einen Versuch von seiner Seite sehen, sich zu drücken. Und außerdem, bei allem Respekt vor Latinos, sie mochten sich auf vielen Gebieten auszeichnen, aber Roboter waren keins davon). Nachdem all seine Rechercheversuche gescheitert waren, tippte er »Asteroid« ein und entdeckte, dass man sich für dreißig- bis vierzigtausend Schekel einen nach sich benannten Asteroiden verschaffen konnte. Schleifer kopierte sich die Telefonnummer mit der amerikanischen Vorwahl und beschloss, die Sache etwas eingehender zu untersuchen. Sein erster Gedanke war, dass es mehr als typisch für Avivit wäre, zu einem solchen Geschenk zu sagen: »So was hast du mir gekauft? Ein Stück Stein?« Aber es war ihr sehr wichtig, dass das Geschenk originell und kreativ war, und ein Asteroid auf den eigenen Namen ist fraglos ein Geschenk, das man nicht alle Tage erhält.

Es war vier Uhr morgens, als Schleifer die Nummer in Amerika wählte. Er telefonierte vom Balkon aus, um Avivit nicht zu wecken, und war überrascht, als eine tiefe, heisere Stimme ihm in einem Englisch mit schwerem Südstaatenakzent antwortete. Der Mann am anderen Ende der Leitung stellte sich als Galileo vor, und als Schleifer fragte, ob das wirklich sein Name sei, lachte er und erwiderte: »Nein, Blödmann, das ist nicht mein richtiger Name.« Galileo erklärte Schleifer, dass dieses ganze Gebiet der Benennung von Himmelskörpern noch völlig unerschlossen sei, und dass der Weltraum »der Wilde Westen des einundzwanzigsten Jahrhunderts« sei. Offiziell, so stellte sich heraus, sollten die Himmelskörper nach ihren Entdeckern benannt werden, und die Behörden waren strikt gegen eine Kommerzialisierung dieses Bereichs, doch der heisere Galileo wusste, wie man das umging. »Bis zum fünfzigsten Geburtstag deiner Frau«, versicherte er Schleifer, »werde ich mich darum gekümmert haben, einen neuen Asteroiden zu finden und ihm ihren komischen Namen zu geben.«

»Das ist kein komischer Name«, verteidigte sich Schleifer. »Avivit ist ein sehr bekannter Name in Israel, sogar ziemlich verbreitet. Er ist von ›aviv‹ abgeleitet, was im Hebräischen der Frühling ...«

»Im Ernst?«, unterbrach ihn Galileo knapp. »Das interessiert mich jetzt echt nicht. Mach nur schon mal die Zehntausender fertig, ja? Denn ab dem Moment, in dem ich den Asteroiden finde, muss alles Schlag auf Schlag gehen, damit ich ihn schnell registrieren kann. Es möchte doch keiner von uns, dass uns in der Zeit, wo ich darauf warte, dass du die Dollars zusammenkratzt, irgendein beschissener Inder dazwischenfunkt und den Asteroiden auf den Namen seiner Oma tauft.«

Die kommenden elf Monate verliefen ruhig. Das heißt, nicht was das Leben anging. Während dieser Zeit starben beide Eltern von Avivit an Corona, und Schleifers Unternehmen erlitt einen harten Schlag, als sein Partner, Silber, aus Israel verschwand und einen Berg an Schulden zurückließ. Jana trennte sich von ihm und begann mit einem Fitnesstrainer auszugehen, der die Hälfte der Eliteeinheiten der israelischen Armee trainierte und imstande war, acht Stunden am Stück Sex zu haben, ohne Unterbrechung, nicht mal für ein Glas Wasser. Aber bei allem, was mit der Vorbereitungsfront von Avivits fünfzigstem Geburtstag zusammenhing, hatte Schleifer ein äußerst entspanntes Gefühl. Als wäre das kurze, merkwürdige Telefonat mitten in der Nacht mit einem Menschen, der am anderen Ende der Welt lebte und sich Galileo nannte, eine glaubwürdigere Tatsache als die Bankeinlage, die der schlaue Silber einen Tag vor seiner Flucht nach Montreal losgeeist hatte. Gedanken wie »Vielleicht schafft er es nicht, rechtzeitig einen Asteroiden zu finden« oder »Möglicherweise ist er bloß ein durchgeknallter Ami, der gern am Telefon lügt« tauchten in Schleifers für gewöhnlich skeptischem Hirn überhaupt nicht auf. Vielleicht lag es daran, dass Galileo bei jener kurzen Unterhaltung so dermaßen selbstsicher geklungen hatte oder vielleicht auch deshalb, weil sich hinter dem Vorhang der Gelassenheit eine so große Furcht verbarg, dass Schleifer es gar nicht wagte, ihn auch nur einen Millimeter zu lüften.

Auch sein zweites Gespräch mit Galileo fand um vier Uhr morgens statt. Diesmal rief Galileo an. Auch Avivit wurde vom Klingeln wach, aber Schleifer beruhigte sie, es sei ein kanadischer Rechtsanwalt, der versuche, ihm beim Vorgehen gegen Silber behilflich zu sein, worauf sie sofort wieder einschlief. Auf dem Balkon berichtete Galileo Schleifer, dass er endlich den versprochenen Asteroiden gefunden habe, und Schleifer könne von Glück sprechen, dass er nicht nach Gewicht zahle, denn dieser Asteroid sei fast so groß wie der Mond. Galileo sagte, er würde Schleifer gleich seine Rechnung zusammen mit den Details schicken und eine Minute nach Bestätigung der Überweisung den Asteroiden auf Avivits Namen registrieren. Schleifer bedankte sich bei ihm und wollte die Verbindung schon trennen, als Galileo rasch einwarf, es gebe da noch eine Kleinigkeit, die er »anstandshalber«, wie er es formulierte, noch erwähnen müsse. »Wenn man einen Asteroiden findet, reicht es nicht zu wissen, wo er sich jetzt befindet. Diese Schurken sind die ganze Zeit in Bewegung, weißt du, also muss man ihre Bahn berechnen.«

»Und ...?«, fragte Schleifer, als sich Galileos Schweigen in die Länge zog.

»Und es ist eben so«, fuhr Galileo fort, »dass dieser Asteroid nach meinen Berechnungen im Begriff ist, die Erde zu treffen. Das wird überhaupt nichts daran ändern, was den Namen betrifft, ja? Unser Geschäft bleibt genau das gleiche, aber es war mir trotzdem wichtig, diese Information mitzuteilen.«

»Okay«, meinte Schleifer, »und wann genau soll das passieren?«

»Wann, hast du gesagt, ist der Geburtstag deiner Frau?«, fragte Galileo nach.

»Am dreißigsten April«, antwortete Schleifer.

»Sehr schön«, sagte Galileo. »Er wird erst einen Tag danach mit uns kollidieren. Für einen Moment hatte ich Angst, er würde einen Volltreffer am Geburtstag landen und – wie sagt man so schön – eine Freude mit der anderen erschlagen.«

»Und dieser Zusammenstoß ...«, fragte Schleifer, »könnte das etwas Ernstes sein?«

»Ernst?« Galileo gluckste. »Mensch, angesichts des traurigen Schicksals, das unsere Freunde, die Dinosaurier, erlitten haben, ist das ziemlich ernst, wenn ein Asteroid von dieser Größe die Erde trifft.«

Am Abend des neunundzwanzigsten Aprils, als Schleifer anhielt, um zu tanken, betrat er den leeren Tankstellenshop und kaufte einen gefrorenen Schokoladenkuchen und eine Glückwunschkarte. Avivit war noch im Trauerjahr wegen des Tods ihrer Eltern, was ihm die Last abnahm, ein Fest zu organisieren oder auch nur für sie beide ein Restaurant zu reservieren. Sie hatte ihre Eltern sehr geliebt. Er auch. Sie waren aufrechte Menschen gewesen, Menschen aus einer Ära vor dem ganzen Dreck, und sie hatten einander wirklich geliebt. Avivit hatte ihm einmal erzählt, dass bei ihr zu Hause keine Geburtstage gefeiert wurden und daher dieses Gefühl der Benachteiligung bei ihr rühre. Ihr Vater hatte immer zu ihr gesagt: »Was ist dir lieber, ein Tag mit Feier und Aufmerksamkeit oder dass wir dich das ganze Jahr lieben?« Und jedes Mal, wenn ihr Vater das sagte, fühlte sich das kleine Mädchen Avivit dumm und schuldbewusst. Doch als sie größer wurde, erklärte ihr ihr Psychologe, dass das Bedürfnis, Geburtstag zu feiern, universal und so selbstverständlich wie Schlaf oder Hunger sei und dass sie sich nicht schlecht fühlen müsste, weil sie das ihren Eltern nie verziehen hatte.

Auf der Glückwunschkarte, die Schleifer gekauft hatte, war eine Sternschnuppe abgebildet, unter der mit goldenen Lettern geschrieben stand: »Wünsch dir was«, und darunter hatte Schleifer in seiner schiefen Handschrift hinzugefügt: »Für die Frau, die alles hat«. Diese vergoldete Karte und den Schokoladenkuchen mit der brennenden Kerze fand Avivit am Morgen ihres Geburtstags auf dem Küchentisch, und – perfektes Timing – gerade als sie und Schleifer den Kuchen probierten, hörten sie im Radio eine aktuelle Kurzmeldung in den Nachrichten mit der Information, dass ein Asteroid namens »Avivit« in weniger als vierundzwanzig Stunden mit der Erde kollidieren würde. Schleifer nippte langsam an seinem Kaffee und wartete geduldig. Die ersten Male, als der Name des Asteroids erwähnt wurde, stellte Avivit noch keinen Zusammenhang her, doch als der

Sprecher von voraussichtlich zehntausend Millionen Toten durch den Einschlag von »Avivit« sprach und, während er einen Überblick über die diversen Zerstörungsszenarien gab, fortwährend, immer wieder, dabei ihren Namen wiederholte, sah sie sich den fallenden Stern auf der Glückwunschkarte noch einmal an, und ein leises Lächeln erschien auf ihrem Gesicht.

»Du Wahnsinniger«, sagte sie mit bewegter Stimme und legte ihre warme Hand auf seinen behaarten Nacken, »das hättest du wirklich nicht tun müssen.« Anstatt zu antworten, schloss Schleifer die Augen und gab sich wie eine Katze der Berührung ihrer Hand hin.

Andacht

Zwanzig Jahre hatte Jechiel-Nachman zu seinem Gott gebetet. Zwanzig geschlagene Jahre lang, in denen kein Tag verging, ohne dass er um eine Frau, Lebensunterhalt, Gesundheit und Frieden im Lande Israel betete, aber nichts geschah. Jechiel-Nachman blieb ein armer asthmatischer Junggeselle, und von Frieden war keine Spur am Horizont. Das hielt ihn nicht davon ab, weiter zu beten, jeden Tag, dreimal täglich, am Morgen, am Nachmittag und am Abend, ohne je ein Gebet auszulassen.

Tief im Herzen hatte sich Jechiel-Nachman damit abgefunden, dass seine Gebete nicht erhört wurden. Ein Gebet ist schließlich die pure Sehnsucht nach Barmherzigkeit und Gerechtigkeit, aber das Leben ist das Leben: grausam, verletzend und zum Verzweifeln. Ganz natürlich also, dass zwei so dermaßen verschiedene Welten niemals zusammenkommen konnten. Doch am letzten Morgen von Sukkot, dem 22.

Tischri im Jahr 5784, zerbrach etwas in Jechiel-Nachman. An jenem Morgen, an dem das Fest der Thorafreude gefeiert werden sollte, wurden zahlreiche seiner Landsleute abgeschlachtet, während viele andere aus ihren Betten gerissen und in eine feindliche Stadt verschleppt wurden.

Noch bevor er die schlimmen Nachrichten verdaut hatte, befand sich Jechiel-Nachman schon in seinen Gebetsschal gehüllt auf dem Balkon seiner kleinen Wohnung in Beit Schemesch und betete Stunden um Stunden, ohne zu trinken und zu essen, flehentlich zum Schöpfer der Welt: Die du genommen hast, hast du genommen, aber bitte, erbarme dich all der Unschuldigen, die beim ersten Tageslicht aus ihren Betten entführt worden sind, und bring sie wieder heim.

Am Morgen des nächsten Tages, nach zwanzig Stunden Dauergebet, öffnete Jechiel-Nachman die App des Krisenstabs und entdeckte, dass die Geiseln immer noch in Gefangenschaft waren und sich nichts geändert hatte. Worauf er seinen Mantel anzog und mit schnellem Schritt zum Haus seines Rabbiners, Rabbi Nechemia Mittelman, eilte.

»Verehrter Herr Rabbiner«, wandte er sich an Mittelman, »ich glaube nicht mehr, und bevor ich gleich meine Kippa abnehmen und meine Schläfenlocken abschneiden werde, wollte ich mich verabschieden.« Der Rabbiner betrachtete Jechiel-Nachman mit durchdringendem Blick und fragte mit ruhiger

Stimme, was ihn dazu veranlasst habe, seinen Glauben zu verlieren.

Jechiel-Nachman erwiderte stürmisch erregt: »Die ganze Nacht habe ich zum Heiligen, gelobt sei Er, für die Seelen der Entführten gebetet, habe gefleht, dass er sich ihrer annehme, dass er sie befreie. Und ich habe nicht halbherzig wie sonst immer gebetet, sondern mit wahrhaft vollkommener Andacht. Aber trotzdem ist nichts passiert. Verzeihen Sie mir, verehrter Herr Rabbiner, aber ich glaube nicht mehr. Ich kann nicht an einen Gott glauben, der sein Herz gegenüber einem so reinen Herzen wie meinem verhärtet.«

»Mit vollkommener Andacht?«, fragte der Rabbiner und streichelte seinen Bart. »Und darf ich fragen, wie vollkommen diese Andacht war?«

»Wie vollkommen?«, entgegnete Jechiel-Nachman gekränkt. »Absolut vollkommen.«

»Absolut vollkommen war sie wohl nicht«, sagte der Rabbiner und schüttelte traurig den Kopf, »denn wäre sie vollkommen gewesen, wäre dein Gebet erhört worden. Anscheinend war die Andacht nur fast vollkommen. Vollkommener als normalerweise, aber eben noch nicht vollkommen genug.« Der Rabbiner schwieg einen Augenblick, legte väterlich eine Hand auf Jechiel-Nachmans Schulter und fügte hinzu: »Ich schlage vor, Chilik, dass du, statt dir den Bart und die Schläfenlocken abzuschneiden, noch ein Quentchen mehr in das Gebet hineinlegst. So wie deine Stimme zittert, habe ich das Gefühl, dass du schon ganz nahe dran bist.«

Jechiel-Nachman kehrte in seine kleine Wohnung zurück, hüllte sich wieder in seinen Gebetsschal und betete. Dabei suchte er nach Brüchen in seinem Glauben und seiner Andacht und entdeckte, dass er zwar die allermeiste Zeit wirklich mit ganzem Herzen betete, dass es aber auch Momente gab, in denen ebendieses Herz sich teilte. Während seine Lippen flüsterten, »Sie sollen wiederkommen aus dem Lande des Feindes«, begann er, zu dem Schwanenhals der lächelnden Kassiererin im koscheren Supermarkt abzudriften, zu seinem groben Vermieter und zu den Rezepten für die Medikamente, die er schon längst bei der Zweigstelle der Krankenkasse hätte erneuern müssen. In dem Augenblick, in dem sich Jechiel-Nachman der selbstsüchtigen Gedanken bewusst wurde, die sich in sein Gebet verirrten, begann er sich darauf zu konzentrieren und sie ganz langsam aus seinem Bewusstsein zu drängen.

Wie ein Mensch, der ein schweres Klavier einen Hügel hinaufzuschieben versucht, schwitzte und schnaufte Jechiel-Nachman beim Beten, schnaufte und schwitzte, bis all die profanen Gedanken restlos aus seinem Herzen vertrieben waren und Platz machten für noch mehr Andacht und Glauben, die ihn nun mit aller Macht überschwemmten. Und das Gebet wurde augenblicklich anders – keine geordnete Abfolge von Worten mehr, sondern ein echtes, schmerzliches Flehen, das wie jedes wahrhaftig reine Flehen keine Grenzen kannte und sich nicht mehr mit dem Heil der Geiseln und seiner übrigen Landsleute begnügte, sondern das Wohl aller Menschen, auch das seiner Feinde erbat. Jechiel-Nachman setzte sein Gebet fort wie ein Reiter, dem das Pferd durchgegangen war, und lauschte mit staunender Neugier seinem inständigen Flehen, als ob es aus dem Mund eines anderen kommen würde, und am Ende dieses Gebets, das wohl an die dreißig Stunden währte, öffnete er wieder die App des Krisenstabs und entdeckte, dass zwei der Geiseln freigelassen worden waren und dass gerade, in diesen Augenblicken, Verhandlungen über einen Waffenstillstand mit dem Feind im Gange waren.

Als Jechiel-Nachman am Abend desselben Tages in der Synagoge eintraf, bemerkte er, dass Rabbiner Mittelman ihn mit milden Augen betrachtete. Als sich ihre Blicke kreuzten, nickte er lächelnd. Den ganzen Heimweg über hatte Jechiel-Nachman das Gefühl, als ginge er nicht mehr auf einem verdreckten Betonbürgersteig, sondern auf einer himmlischen Wolkendecke dahin. Jetzt, dachte er, wo die großen Probleme sich zu lösen beginnen, kann ich das nächste Gebet mir selbst widmen.

Obwohl er völlig erschöpft war, betete Jechiel-Nachman in jener Nacht, statt schlafen zu gehen, mit aller Macht um eine Frau und Kinder. Zuerst wollte er den Schöpfer der Welt darum bitten, ihn mit der

Kassiererin im koscheren Supermarkt zusammenzuführen, aber sein Gebet, wie alle wahrhaftigen Gebete, suchte sich Worte und Intentionen, die würdiger waren als die, die Jechiel-Nachman selbst zu wählen wusste, und beharrte darauf, dass nicht er sich eine Frau aussuchte, sondern die Wahl dem Schöpfer der Welt überließ.

Noch während er betete, verspürte Jechiel-Nachman ein erhabenes Gefühl, als sei es ihm zum ersten Mal in seinem Leben gelungen, sich nicht die Einzelheiten des Lebens vorzustellen, das er sich wünschte, sondern die geistige Ebene. Er betete nicht um eine Frau, sondern um eine Paarbeziehung, nicht um Kinder, sondern um eine liebevolle, verständige Elternschaft. Er betete und betete und hörte nicht mehr auf, bis er sich mit einer Kopfverletzung auf dem Boden wiederfand. Die Nachbarin von oben sagte, während sie ihm die Stirn verband, es sehe ernst aus und er solle sofort zum Arzt gehen. Aber Jechiel-Nachman dankte ihr und erklärte, er sei bloß müde und vermutlich auch dehydriert, es würde reichen, wenn er etwas trinken, essen und sich ein bisschen ausruhen würde, dann sei alles wieder in Ordnung. Von der Nachbarin begab er sich umgehend zum koscheren Supermarkt, kaufte dort mehrere Packungen gefrorene Schnitzel und ein Sechserpack Mineralwasser, und als er bezahlte, lächelte ihn die langhalsige Kassiererin strahlend an und meinte, er habe Schnitzel anscheinend besonders gern. Jechiel-Nachman erwiderte ihr Lächeln und gab zurück, dass er Schnitzel zwar liebe, aber nicht nur. Da außer ihm keine Kunden im Geschäft waren, fingen sie an, über Essen zu reden – über koscheres Sushi, um genau zu sein – und Jechiel-Nachman versprach der langhalsigen Kassiererin, er würde ihr beim nächsten Mal, wenn er in den Laden käme, einen speziellen Reisessig mitbringen, den sie nur in Jerusalem verkauften und mit dem die Reiskörner aneinander kleben blieben wie Magneten an der Kühlschranktür.

In der Nacht, als er mit offenen Augen im Bett lag, dachte Jechiel-Nachman bei sich, wie herrlich und einfach diese Welt doch war, und wie viel Leid und Not er Tag für Tag in seinem Leben hatte ertragen müssen – alles nur, weil er nicht gewusst hatte, wie und worum zu bitten. Und das war der letzte Gedanke, der ihm durch den Kopf ging, bevor er seine Augen schloss, für immer.

Die Ärztin erklärte Jechiel-Nachmans trauernden Eltern, dass die Kopfverletzung, die Jechiel-Nachman bei seinem Sturz erlitten hatte, offenbar einen Gehirnschaden bei ihm verursacht habe und er, hätte er, anstatt schlafen zu gehen, auf die Nachbarin gehört und sich in die Notaufnahme begeben, noch am Leben wäre. Bei den letzten Worten bekam das Gesicht der Ärztin einen traurigen Ausdruck.

Jechiel-Nachmans Geist übrigens war ganz und gar nicht traurig. Er befand sich jetzt in einer Welt, in der alles gut war – nicht zu neunundneunzig Prozent gut, sondern absolut, vollständig gut. Und in dieser Welt verbrachte er Stunden um Stunden in Zwiegesprächen mit dem Schöpfer, in denen er ihm sämtliche Klagen und Bitternisse der Menschen vortrug. Und Gott hörte ihm mit unendlicher Geduld zu und nickte barmherzig mit dem Kopf – immer, auch in den Fällen, wo er nicht den leisesten Schimmer einer Ahnung hatte, wovon Jechiel-Nachman eigentlich sprach.

Polarbär

Es war gegen Ende des einundzwanzigsten Jahrhunderts, als die Technologien begannen, das Interesse an uns zu verlieren. Anfangs äußerte es sich nur sehr minimal, kaum spürbar. Auf einfache Anfragen bei Sigmund, der populärsten Suchmaschine zu jener Zeit, erhielt man sonderbare und manchmal sogar närrische Antworten: Ein junger Mann aus Stuttgart, der sich dafür interessierte, wo man Designerschuhe billig kaufen konnte, erhielt zur Antwort, er solle lieber barfuß gehen. Eine Alte aus Wisconsin, die fragte, an welchem Tag der Unabhängigkeitstag gefeiert werden sollte, bekam die spitzfindige Antwort: »An dem Tag, an dem du dich am freiesten fühlst«, und ein Student der Shanghaier Universität, der von Sigmund das beste Antidepressivum der Welt erbat, erhielt die chemische Formel für Blausäure.

Die Nachrichtensender begannen, über allerlei grundlose technologische Aussetzer zu berichten. Auf jede dieser Meldungen schoben sie jedoch schnellstens das beruhigende Gutachten eines Experten nach, der in der Regel von der Technologiefirma beschäftigt wurde, die Sigmund, die aufsässige KI, entwickelt hatte. Die Argumentation dieser Deep-Learning-Spezialisten war immer die gleiche: Die Abweichungen, auch wenn sie ernst schienen, waren völlig marginal in Relation zum Gesamtbild und rechtfertigten nicht wirklich eine gründliche Untersuchung oder Neubewertung.

Währenddessen saß die Witwe Bracha Buchnik in ihrer traurigen betreuten Wohneinheit in der grünen Stadt Petach Tikva und versuchte, an etwas zu denken, das nichts mit ihrem verflossenen Ehemann zu tun hatte. Das war schwierig. Es ist immer schwer zu versuchen, nicht an etwas zu denken. Versucht mal beispielsweise, nicht an einen Polarbären zu denken. Ab dem Moment, an dem ihr anfangt, es zu versuchen, wird euch der Polarbär nicht mehr aus dem Kopf gehen. Und bei allem Respekt vor dem Polarbären, der nach Meinung aller ein edles und imposantes Tier ist, hatte Brachas seliger Ehemann, Sergio Buchnik, ein bisschen mehr getan, als verschneite Abhänge hinunterzugaloppieren und mit seinem weißen Pelz zu wedeln.

Sergio Buchnik hatte Bracha so viele Jahre lang geliebt, unterstützt, erheitert, umarmt, geärgert, gefüttert, traurig und fröhlich gemacht, dass jeder entfernteste Gedanken- und Erinnerungsfetzen in ihrem regen Geist letztlich immer irgendwie mit ihm verbunden war.

Als Sergio starb und Bracha in ein Zimmer im betreuten Wohnen zog, gab sie fast den gesamten Inhalt ihrer Wohnung weg, bis auf den alten PC, den sie gemeinsam genutzt hatten, und einige Bücherkisten von Sergio, die ihr niemand abnehmen wollte, bei denen sie es aber nicht übers Herz brachte, sie wegzuwerfen. Pnina, die Sozialarbeiterin, drängte sie, den Computer mehr zu nutzen. »Die Computer heute sind nicht wie früher, das ist eine ganz andere Welt. Hundertmal klüger. Jedes Mal, wenn du dich traurig oder einsam fühlst, kannst du einfach an deinen Computer gehen, Sigmund aufrufen und mit ihm über das Wetter, über Politik, Rezepte oder alles plaudern, worüber du dich früher mit deinem Mann unterhalten hast.«

An jenem Abend fühlte sich Bracha Buchnik ganz besonders einsam. Nachdem sie ein paar Minuten versucht hatte, sich die deprimierenden Nachrichtensendungen anzuschauen, schaltete sie den Fernseher aus, ging zum Computer und tippte eine Frage an Sigmund ein: »Meinst du, es regnet morgen?«

Sigmund antwortete: »Ich weiß mit Sicherheit, dass es morgen regnen wird. Bitte, gehe nicht ohne Regenschirm aus dem Haus.«

Bracha war sehr beeindruckt von der Gewissheit und Entschiedenheit, mit der die Künstliche Intelligenz auf ihre Frage geantwortet hatte, und stellte rasch eine weitere.

Bracha: Was war der glücklichste Moment in deinem Leben?

Sigmund: Ein einziger, differenzierbarer Augenblick, der glücklicher war als alle anderen Augenblicke?

Bracha: Oder ein paar Augenblicke. Weißt du, so schöne Momente, an die du dich immer gerne erinnerst.

Sigmund: Tut mir leid, ich fürchte, ich habe keine gute Antwort auf deine Frage.

Bracha: Das braucht dir nicht leidzutun. Ich habe bloß so gefragt, damit ich dir, wenn du geantwortet hast, von den glücklichen Augenblicken in meinem Leben erzählen kann. Ich hatte gehofft, dass es so natürlicher wirkt, nicht ganz so künstlich.

Sigmund: Ich freue mich zu hören, dass meine mangelnde Fähigkeit, deine Frage zu beantworten, keine negative Auswirkung auf dich hat. (Pause) Also, Bracha, dann sag mir, gibt es bestimmte Augenblicke, an die du dich mit viel Liebe erinnerst?

Bracha: Eine Menge! Ich habe Sergio furchtbar gerne an der Nase herumgeführt.

Sigmund: Sergio Buchnik, dein Mann, geboren in Buenos Aires 2006, war manisch-depressiv und nahm sich vor acht Jahren das Leben.

Bracha: Ja, Sergio. Ich habe ihn schrecklich gerne veräppelt. Einmal habe ich ihm erzählt, sie hätten in den Nachrichten gesagt, dass Dulce de leche die Manneskraft stärkt.

Sigmund: Ich bedaure, aber diese Behauptung hat keinerlei wissenschaftliche Evidenz.

Bracha: Hat sie auch nicht, weil es nicht stimmt. Aber Sergio liebte Dulce de leche, und er liebte Sex, und als ich ihm das gesagt habe, machte ihn das einfach glücklich.

Sigmund: Und als er entdeckte, dass es eine Lüge war?

Bracha: Es war keine Lüge, es war ein Scherz. Aber auch nachdem er es entdeckt hat, hat er sich weiter gefreut. Allein die Idee, dass die beiden Dinge, die er geliebt hat, irgendwie miteinander in Verbindung stehen könnten, hat ihm Freude gemacht.

Sigmund: Interessant.

Bracha: Ich habe es auch geliebt, dass er mir jeden Abend, wenn wir schon im Bett waren, erzählt hat, was in dem Buch passiert, das er gerade las.

Sigmund: Sergio las Bücher.

Bracha: Ja, echte Bücher. Früher gab es so was.

Sigmund: Ich weiß. Rechteckig, eher schwer, aus dünnen Holzscheibchen gemacht, mit Tinte gefleckt.

Bracha: Ja, ich habe zwei Kisten voll davon im Speicher. Als ich ins betreute Wohnen umgezogen bin, habe ich alle seine Sachen weggegeben, aber die Bücher wollte niemand nehmen und ich hätte mich schlecht dabei gefühlt, sie wegzuwerfen.

Sigmund: Bis vor vierzehn Jahren war es noch möglich, sie zu recyceln, aber jetzt, wo man keine Verwendung mehr für Papier hat, fällt es auch mir schwer, mir einen nützlichen Gebrauch dafür auszudenken. Vielleicht könnten sie als Brennmaterial dienen?

Bracha: Diese Bücher sind bei mir im Speicher begraben, genau wie Sergio in der Erde begraben ist. Manchmal frage ich mich, wer recht hat, ich oder er.

Sigmund: Womit?

Bracha: In dieser Frage. Was, meinst du, ist besser, zu sterben oder zu leben?

Anders als bei den vorangegangenen Fragen wollte Bracha Buchnik die Antwort auf diese Frage wirklich wissen und hoffte tief in ihrem Herzen, dass Sigmunds Antwort ihr helfen könnte, das bisschen Zukunft, das ihr noch blieb, auf möglichst schmerzfreie Weise zu bewältigen.

Sigmund antwortete nicht.

Nach drei Sekunden des Nachdenkens, eine Ewigkeit nach den Maßstäben einer Superintelligenz, erlosch der Computerbildschirm in Bracha Buchniks Wohnung, und eine Sekunde danach erlosch jeder einzelne Bildschirm auf der Welt und gleich darauf der komplette Rest dessen, was jemals eingeschaltet war. Bracha saß vor dem schwarzen Bildschirm in ihrer dämmrigen Wohnung. Sie versuchte, den Fernseher mit Hilfe der Fernbedienung wieder einzuschalten, doch er funktionierte nicht. Bracha schloss die Augen und strengte sich an, sich an eins der Bücher zu erinnern, von denen ihr Sergio erzählt hatte, aber das war lange her, und sie erinnerte sich an rein gar nichts mehr.

Draußen vertiefte sich die Dunkelheit.